Marlene Reidel

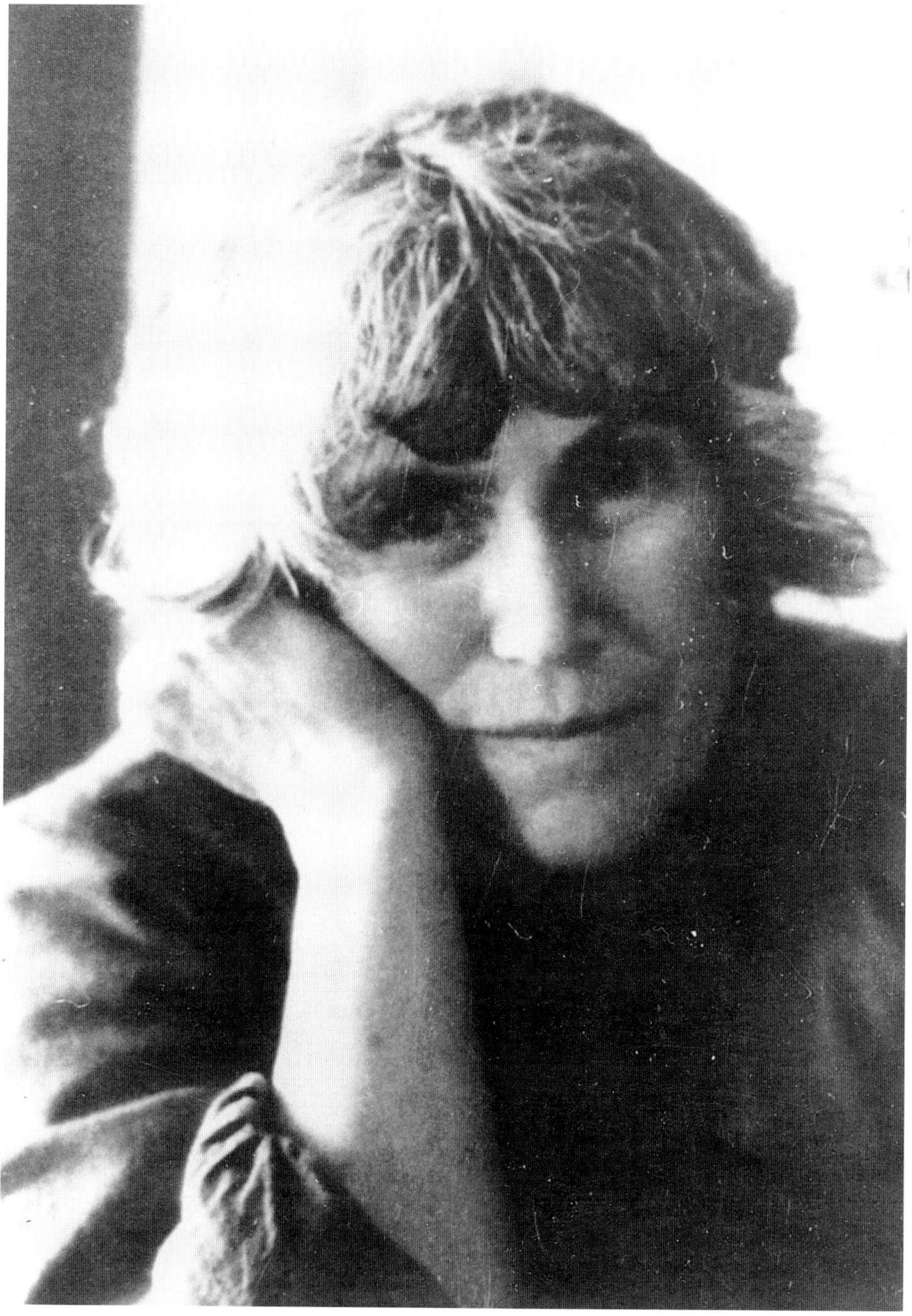

MARLENE REIDEL
Wie mein Leben so verlaufen ist

MORSAK VERLAG

Dieses Buch erscheint als Katalog zu der Ausstellung
„Marlene Reidel, Bilder und Gläser" vom 28. November bis 19. Dezember 1993
in den mittelalterlichen Kellerräumen des Landshuter Rathauses.

Auf dem Schutzumschlag vorne:
Rote Gläser mit Blume 1991, 64 x 46 cm, Foto: Guido Wiedmann

Auf dem Schutzumschlag hinten:
Marlene Reidel an ihrem Arbeitstisch 1974, Foto: Christoph Boekel

Frontispiz:
Marlene Reidel 1988, Foto: Walter Schels

Foto auf Seite 10 und auf Seite 11: Fotograph unbekannt
Foto auf Seite 22: Ute Starke 1955
Foto auf Seite 40, Seite 42 und Seite 44: Karl Reidel
Foto auf Seite 70: Sigrid Neubert 1963
Foto auf Seite 136: Walter Schels 1970
Alle anderen Fotos: Guido Wiedmann

Kataloggestaltung: Karl Reidel

© 1993 Morsak Verlag Grafenau

Gesamtherstellung:
Morsak Offsetdruck · Buchdruck · Lithographie
94481 Grafenau

Printed in Germany
ISBN 3-87553-434-4

Inhaltsverzeichnis

Vorwort	6
Geleitwort	8
Kindheit, Jugend, Studienzeit	10
Heirat, Erste Ölbilder	20
Erste Gläserstilleben	32
Reise	40
Kartoffeldrucke, Erste Kinderbücher	44
Kasimirs Weltreise	52
Bühnenbilder	56
Holzschnitte	60
Weitere Kompositionen mit Gläsern	70
Schulbuch	82
Moritaten für Kinder	88
Das Sprüchehaus	90
Märchenillustrationen	92
Großposter	102
Kolorierte Linolschnitte	110
Der Lorenz aus Grottental	120
Gabriel mit dem Zauberstab	124
Der schöne Erich	128
Der Mäusefranz	132
Antonia	136
Anna und die Weiherhex	140
Der schwarze Schimmel	142
Ein Sommer mit Birschi	144
Froschkönig Kunibert	146
„Die gute Kuh"	148
Monatsbilder	150
Der schöne Herr Gockel	154
Der schwarze Rab	156
„Die Ziege Edeltraud"	158
Gläserstilleben	160

Vorwort

Wenn irgendwo der Name Reidel fällt, geht meistens das Gespräch um Bildhauerei, um Malerei, um gute Kinderbücher, ganz einfach um Kunst. Nur Eingeweihte wußten, daß auch Glas, als Sammelobjekt und als Motiv für viele Gemälde und Grafiken, ein Synonym des Namens Reidel ist.
Seit Marlene und Karl Reidel im Dezember/Januar 1989/90, auf Veranlassung der Villa Stuck in München, in den dortigen Jugendstilräumen, Teile ihrer Glassammlung ausstellten, hat sich das geändert. So äußerte auch die Stadt Landshut damals den Wunsch, diese Ausstellung in ihren Räumen zu präsentieren. Dieser Wunsch war jedoch zum damaligen Zeitpunkt nicht realisierbar. Nun bot sich jetzt, aus Anlaß zum 70. Geburtstag von Marlene Reidel, die Gelegenheit sowohl die gemalten Gläserstilleben als auch die Glassammlung zusammen vorzustellen. Die Ausstellung wurde von Karl Reidel in Zusammenarbeit mit Helmut Stix von der Stadt Landshut ausgerichtet. Ihnen beiden, sowie der Künstlerin Marlene Reidel, sage ich dafür ein herzliches Dankeschön.

Landshut, im November 1993

Josef Deimer
Oberbürgermeister, Senator

Geleitwort

Liebe Marlene,

als vor fast einem halben Jahrhundert unsere Wege ineinander liefen, konnten wir mit ziemlicher Sicherheit nicht annehmen, daß das schlimme Stück unserer Lebensfährte, das unmittelbar hinter uns lag und noch gegenwärtig war, weiter weisen könnte in ein Leben in Arbeit und Frieden. Wir zumindest konnten uns nicht vorstellen, daß es einen Ausgang aus dem materiellen und vor allem aus dem moralischen Elend dieser wahnwitzigen Zeit geben könnte.

Und nun stehen wir mit unseren siebenzig Jahren in den Knochen und in dürrer und dünner Haut da und klopfen uns gegenseitig auf die Schultern ob unserer Großartigkeit und Zähigkeit, mit denen wir den größten Teil dieses gerade vom Menschen so böse gemachten Jahrhunderts überstanden haben.

Oder ist es nicht doch anders: preßt uns nicht doch das Wissen und Erahnen die Rippen zusammen, daß uns Scham und nicht entbundene Verzweiflung wie ein Myzelium durchdringen über das Ereignis, zu denen zu gehören, die überlebten und heute noch keine Antwort wissen, wie dies gekommen und gerade uns widerfahren ist. Es bleibt bestenfalls die Hoffnung, mit etwas Grund unter den Füßen über die Bedeutung dessen mutmaßen zu können, was wir in diesen letzten Jahrzehnten getan oder auch unterlassen haben. Bei Vertretern der bilderschaffenden Zunft kann die Reflexion auf Getanes und Geschaffenes sogar Vergnügen, ja Freude auslösen, zumal sie mit ihren Werken Geschichte und Geschichten, Kritik, Rechtfertigung und Versöhnung synchron vor Augen führen können. Ja, mit einem einzigen Werk können sie vergegenwärtigen, was in mündlicher und schriftlicher Nachzeichnung nur im Nacheinander eines unendlichen Diskurses enden kann.

Marlene, nehmen wir nur Dein Selbstporträt von 1955. Es spiegelt nicht nur ein seelisches Verfaßtsein. Vor allem verweist es auf den Prozeß des Innewerdens, was mit einem geschehen ist, was einer geschehen ließ und was einer geschehen lassen mußte. Aber da ist das Foto von 1954 mit dem Porträt von Deinem Mann Karl und davor Du mit dreien Deiner sechs Kinder. Da geht's also einfach weiter, wohl in der unzerstörbaren Unentwegtheit eines niederbayerischen Kleinbauern, sogar mit strahlendem Auge, und bei aller Sorge und kräftezehrender Fürsorge. Und nicht entlassen wird dabei die Sehnsucht nach ästhetischer Strukturierung von Raum und Zeit: Die Fürsorge und die Besorgnisse für Leib und Leben der Kinder, die Kümmernisse und Freuden der Mutter verschmelzen mit dem Schaffen einer so prallen wie zärtlichen Bilderwelt, in der die Dimensionen der Schönheit im bildnerischen Werke mit dem Wahrhaftigkeitsanspruch des Kindes bruch- und konkurrenzlos Wirklichkeit erzeugen. Mit unzerbrechlicher Sicherheit entwickelst Du für das Kind in Bild und Text unaufdringliche und deshalb wirksame Hilfen: den Zauberstab gegen Ohnmachtsgefühle, die Körper und Seele verwunden können; die Fähigkeit, sich in andere Geschöpfe zu verwandeln – kleine Fluchten und Welterkundung zugleich; die Erfahrung absonderlicher Menschen und fremder Kulturen als Erlebnis, Vertrautheit mit dem Fremden und dem ganz Anderen mit eigener Kraft gewinnen zu können.

Eine Überzeugung wage ich auszusprechen: Kinder, die mit Marlenes Worten und Bildern aufwachsen, bekommen Ahnung und Impulse eingefleischt, was Toleranz, annehmende Erfahrung des unbekannten Anderen oder die Sicherheit bei alltäglichen und neuen Fährnissen bedeuten und wie man ihnen trauen kann. Da wird sich wohl kaum dumpfe Blindheit mit Angst und Furcht vor Fremden oder gar Fremdenhaß einwurzeln können. Rätsel der Welt und des Lebens werden zwar nicht allerwegen einsehbar oder gar als lösbar dargestellt, aber der Glaube, daß uns die irdische Wirklichkeit nicht wie eine dichte Wand umgibt, sondern ihre diaphanen und durchleuchteten Stellen hat, die uns auf besseres Wissen und Erleben hoffen lassen, wird behutsam als Realitätssinn lebendig gemacht.

Es scheint deshalb nicht von ungefähr, daß für Dich und Deinen Mann durchschaubares, durchleuchtetes Material – Glas und Hohlgläser – zum faszinierenden Gegenstand geworden sind; einmal als Gegenstand eines leidenschaftlichen Sammelns und Entdeckens, zum anderen als Fokus ästhetischer Erfahrungen und Vorstellungen von unserer Welt, was diese über ihre materielle Erscheinung hinaus auch noch sein könnte.

Was da an sichtbaren und befühlbaren Facetten und Bewegungen über körperliche Sinnlichkeit zum inneren Ereignis wird, kehrt sich in beharrlich durchgezogenem, bildnerischen Gestalten nach außen als neu geschaffener Gegenstand und wird so ein Teil unserer Wirklichkeit. Deine Bilder von Gläsern bezeugen diesen Prozeß. Er stellt sich dar im Suchen und Erproben von Formen und Farben für Lichtbrechungen und Widerstrahl, für Spiegelungen und Widerstand der Materie, für Lichtprojektionen und Verschattungen, für Farbwechsel und scheinbare Auflösung von gegenständigen Formen und Farben im durchdringenden Licht. Die Homophanie des Lichtes, wechselt hin und zurück bald zu Polyphanie, bald zu Monophanie der Farben und Formen in beruhigenden oder erregenden Schwingungen und Wellen. Die Perspectivitas wird zur Perspicuitas – das Licht wird zum Schein nicht nur materiellen und irdischen Geschehens.

Für dieses Erlebnis werden wir bei Dir und den Deinen zu Schuldnern; und dies werden wir herzlich gerne im Bewußtsein, daß wir Dir befriedigte Zeitstücke unseres irdischen Wandelns auf vielfach ineinandergeschlungenen Wegen zu verdanken haben.

Herzlichst

Dein

Ruth u. Lenz
26.08.93

Lenz Kriss-Rettenbeck

1932

Gemessen an dem, was der Weidenkorb gekostet hat, den meine Mutter vor meiner Geburt kaufte, um mich hineinzubetten, war ich das Kind von Millionären. Der Weidenkorb kostete nämlich sieben Millionen Mark. Das war 1923, in der Inflationszeit. Alle Leute waren damals Millionäre, und doch war man arm, denn gegen Ende der Inflationszeit kostete eine Semmel Milliarden!

Die Eltern arbeiteten damals als Tagelöhner beim Graf von Soden in Neufraunhofen. Der Vater ging ins „Gut", hin und wieder auch die Mutter, doch meistens versorgte sie daheim das Vieh, das im Stall des Krottentalerhofes stand und auch dem Grafen gehörte. Daheim, das war Krottental. Krottental war ein heruntergekommener Einödhof und gehörte auch zum Schloßgut, und wir, die Arbeiterfamilie, konnten hier wohnen.

Der Monatslohn betrug für Vater und Mutter zusammen 36 Reichsmark. Dazu kam noch das „Deputat". Das bestand aus 1 Liter Milch und 1 Liter Bier täglich und 3 Zentner Weizen, 3 Zentner Kartoffeln und 3 Ster Holz jährlich. Das war nicht viel, aber es war genug. Immer hatten wir gut zu essen, immer waren wir sauber angezogen und immer hatten wir das Gefühl, es ausgesprochen gut zu haben. Dieses Gefühl ist mir unvergeßlich und hat mich mein ganzes Leben begleitet.

Meine Eltern 1938

Mit 14 Jahren kam ich aus der Volksschule. Ich begann eine Lehre in einer keramischen Werkstätte im nahegelegenen Landshut. Nach meiner Gesellenprüfung, damals war Krieg, wurde ich für zwei Jahre zum Arbeitsdienst und Kriegshilfsdienst eingezogen.
Nach Ablauf dieser Zeit schickte ich eine Mappe mit Zeichnungen, die ich in jeder freien Minute angefertigt hatte, an die Akademie für bildende Künste in München und bewarb mich um die Aufnahmeprüfung. Ich wurde aufgenommen und so begann ich Malerei zu studieren. Das war im Kriegsjahr 1943/44.

links Mantelkam 1945, Tempera auf Papier, 38 x 50 cm
Landshut vom Klausenberg 1946, Tempera auf Papier, 38 x 48 cm

1945, lavierte Zeichnung, 12 x 18 cm

Mein Studium dauerte aber nur wenige Wochen, denn dann wurden große Teile Münchens, vor allem Schwabing, wo sich die Akademie befand, durch Bombenangriffe zerstört. Dies bedeutete das „Aus" für jeglichen Kunstunterricht. Alle Studierenden wurden zum Kriegsdienst verpflichtet. Ich kam in eine Rüstungsfabrik im niederbayerischen Velden an der Vils.

1945, Tempera auf Packpapier, 26 x 39 cm

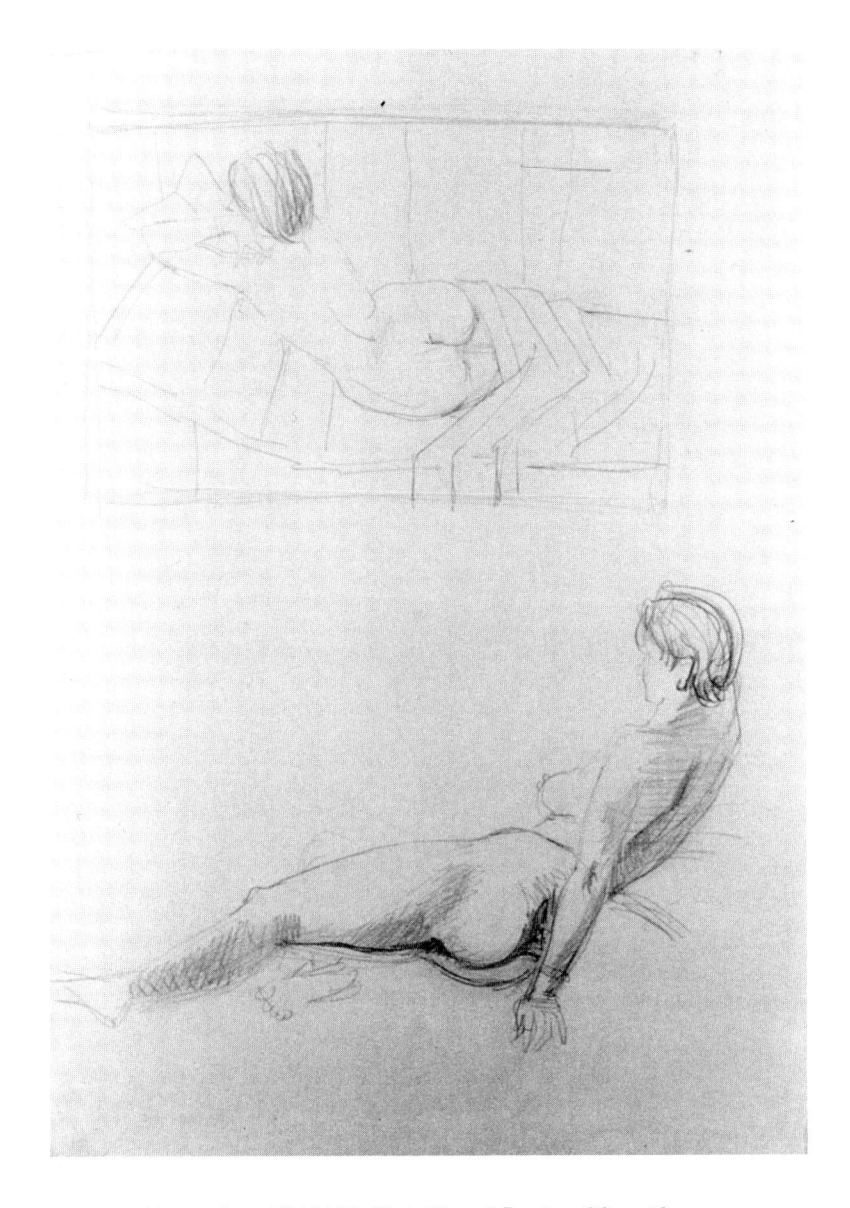

Aktstudien 1946/47, Bleistift auf Papier, 60 x 42 cm

Als der Krieg zu Ende war, fand sich eine Handvoll der Kunstschüler in Heimhausen bei München wieder zusammen. Im dortigen Schloß wurde das Studium provisorisch wieder aufgenommen.
Das war eine aufregende Zeit! Ich lernte sie plötzlich alle kennen, die großen Meister des französischen und deutschen Impressionismus und des Expressionismus. Die faszinierende Kunst der Neuzeit, der Moderne, von deren Existenz ich während der Hitlerzeit keine Ahnung hatte!

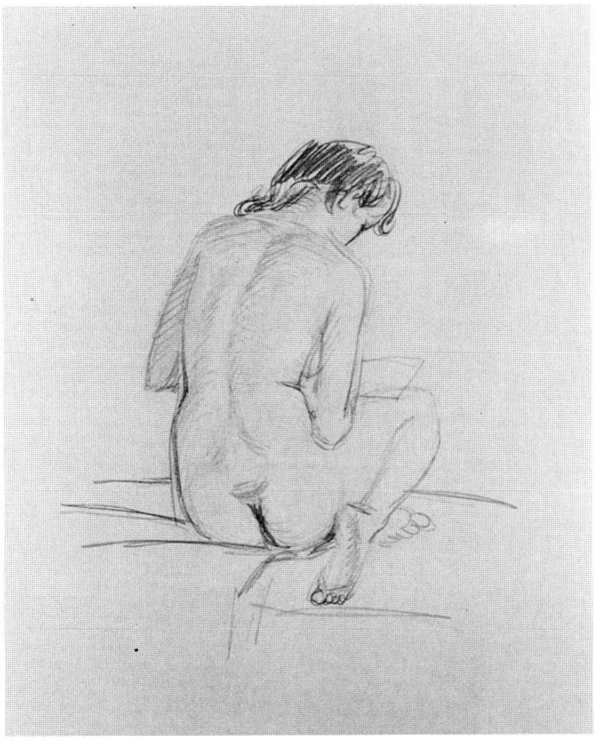

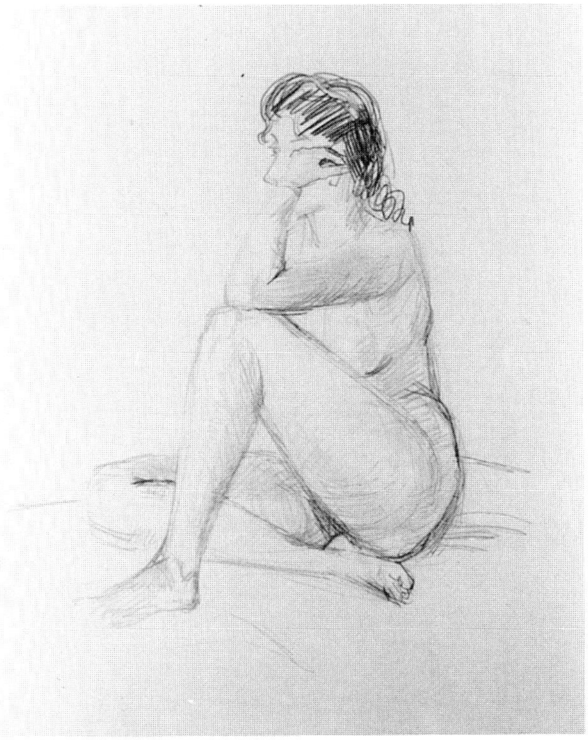

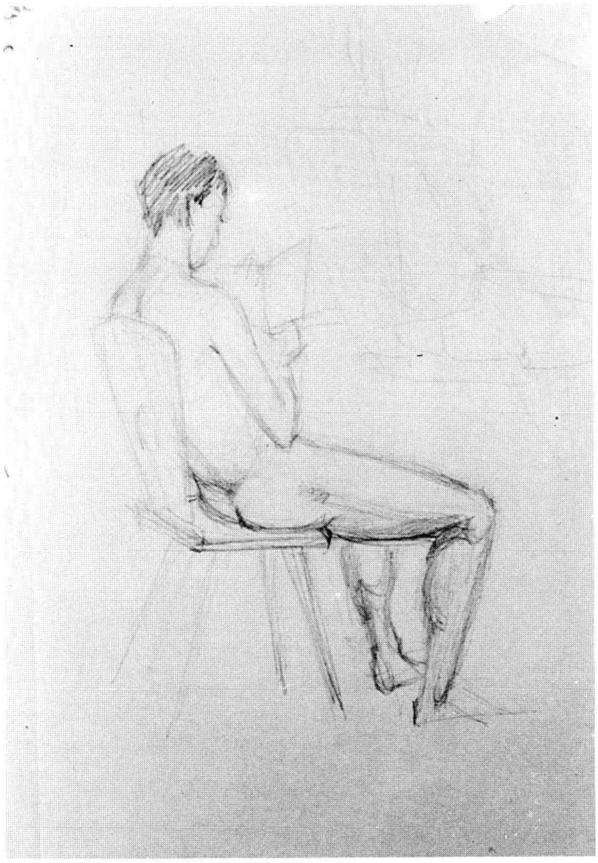

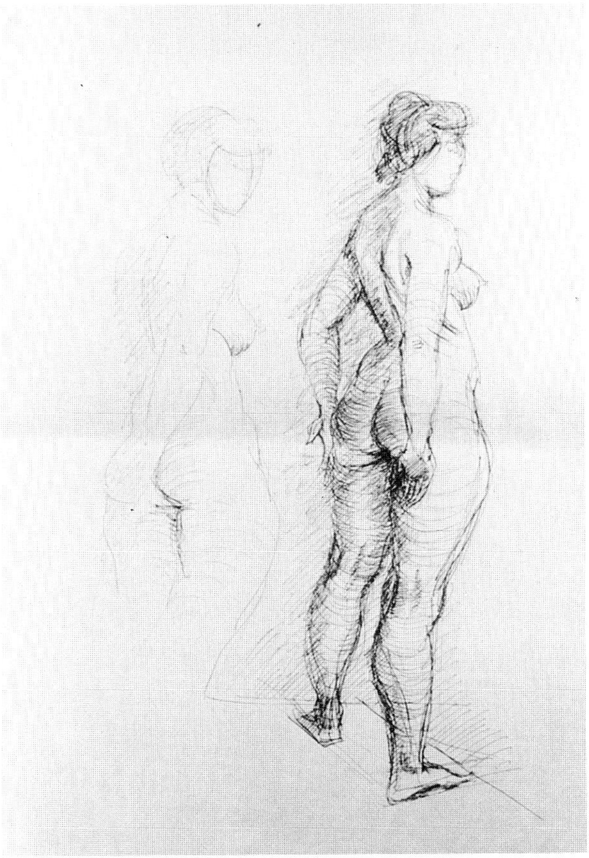

Haimhausen 1947, Tempera auf Papier, 37 x 45 cm

Landschaft 1949, Tempera auf Papier, 28 x 39 cm

1947 mit meinem
ersten Kind Beate

Beate 1947,
Tempera, 27 x 22 cm

Beate 1947, Tempera auf Packpapier, 22 x 27 cm

Aber wieder dauerte mein Studium nicht lange, – ganze drei Semester, dann lernte ich Karl Reidel kennen, den ich nach der Geburt unserer Tochter Beate im Jahre 1948 heiratete. Noch im gleichen Jahr begann mein Mann, der eben eine Steinbildhauerlehre abgeschlossen hatte, ein Studium für Bildhauerei an der Akademie in München bei Professor Anton Hiller.

Um unseren Lebensunterhalt zu verdienen, arbeitete mein Mann als Werkstudent bei verschiedenen Münchner Steinmetzfirmen.
Ich betätigte mich in Landshut, wo wir im Hause seiner Mutter ein Zimmer bewohnten, als keramische Malerin, und zwar in Betrieben, in die ich mein Kind entweder mitnehmen konnte, oder die mir die Keramikgefäße ins Haus brachten.
1951 kam unser zweites Kind, Julia, zur Welt und 2 Jahre später kam ich mit Zwillingen nieder, einem Sohn und einer Tochter. Wir nannten sie Franz und Eva. Nun hatte ich also 4 Kinder und mein Lebensziel, Malerin zu werden, rückte ganz schön in die Ferne. Trotzdem entstanden damals einige Porträts, Stilleben und Landschaften.

Selbstporträt 1955, Öl auf Pappe, 80 x 55 cm

Beate 1952, Öl auf Pappe, 80 x 50 cm

Hermine 1954, Öl auf Pappe, 85 x 60 cm

Julchen 1953, Öl auf Pappe, 85 x 60 cm

Johanna 1964, Öl auf Leinwand, 65 x 45 cm

Stilleben 1949,
Tempera, 52 x 56 cm

Unser Zimmer 1949,
Tempera, 55 x 40 cm

Unser Zimmer 1953, Öl auf Pappe, 77 x 60 cm

Niederbayerische Landschaft 1957, Öl auf Leinwand, 60 x 90 cm

Niederbayerische Landschaft 1951, Öl auf Pappe, 50 x 72 cm

So um 1950 herum war es, da schenkte uns Fritz Koenig ein Vorratsgefäß aus moosgrünem Glas, nachdem er etliche solcher Gläser im Speicher seines Elternhauses gefunden hatte. Dieses Glas wurde der Auslöser für unsere spätere Sammelleidenschaft. Von da an habe ich auch immer wieder Stilleben mit Flaschen und Gläsern gemalt.

Stilleben mit moosgrünem Glas 1951, Öl auf Pappe, 73 x 58 cm

Stilleben 1953, Öl auf Leinwand, 66 x 90 cm

Stilleben 1954, Öl auf Leinwand, 65 x 50 cm

Stilleben mit Gläsern 1957, Öl auf Pappe, 90 x 65 cm

Gläserstilleben 1958, Öl auf Pappe, 70 x 84 cm

Komposition mit Gläsern 1957, Öl auf Pappe, 70 x 88 cm

Komposition mit Gläsern 1958, Öl auf Leinwand, 85 x 65 cm

1954 erhielt mein Mann den „Großen Bayerischen Staatspreis", der damals aus drei mehrmonatigen, vom Kultusministerium finanzierten, Studienreisen bestand.
Die erste Reise ging nach Italien noch mit der Eisenbahn. Danach kaufte sich mein Mann einen Motorroller und fuhr zusammen mit seinem Studienfreund Fritz Koenig durch Griechenland und Ägypten. Die dritte Reise unternahm er mit mir. Es ging über Paris nach Südfrankreich, Spanien und Marokko und auf einer anderen Route wieder zurück – und alles auf unserem Roller.

An der baskischen Küste 1955, Öl auf Papier, 43 x 63 cm
Spanische Landschaft 1955, Öl auf Papier, 50 x 72 cm

41

Am Montmartre in Paris 1955, Öl auf Pappe, 55 x 73 cm
Friedhof vor Madrid 1955, Öl auf Pappe, 40 x 50 cm

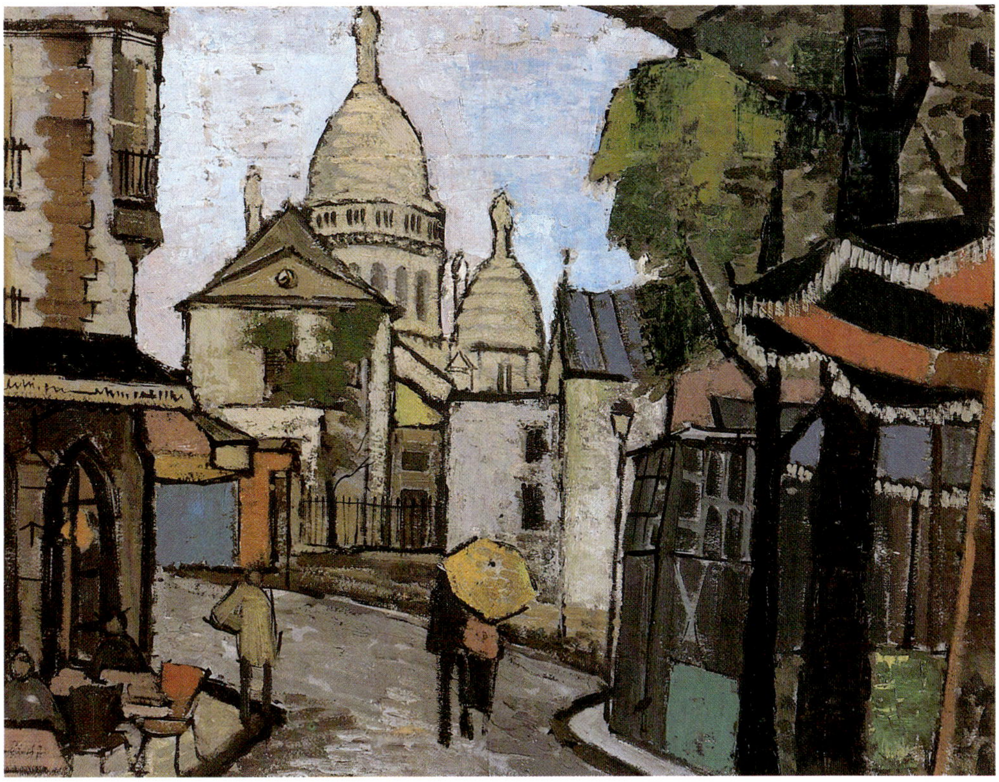

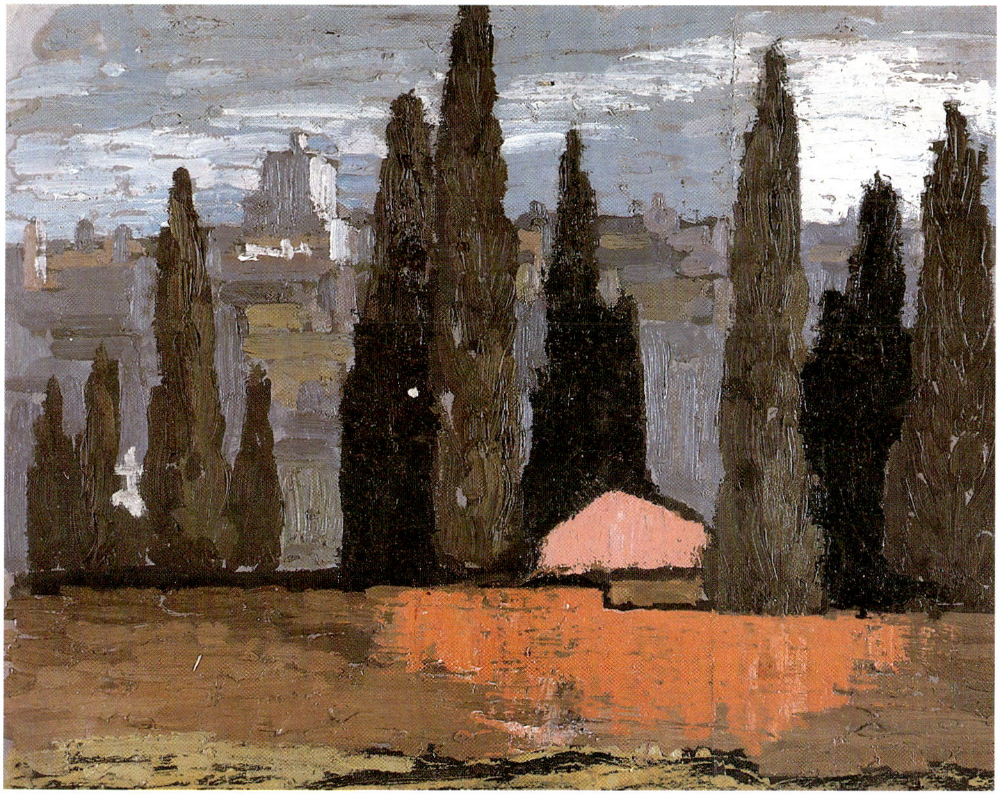

Da das Malen mit meinen kleinen Kindern tagsüber sehr schwierig geworden war, verlegte ich meine Arbeitsstunden mehr auf den Abend, wenn die Kinder schliefen. Es entstand eine Bildergeschichte, die etwa 60 Kartoffeldrucke umfaßte. Es war meine eigene Geschichte, beginnend mit den ersten Erinnerungen auf dem Arm der Mutter, bis zu der Zeit, da ich selbst mein erstes Kind auf den Armen trug. Ich nannte die Geschichte „Tagebuch".

Aus dem „Tagebuch" 1953–1955, Kartoffeldrucke auf Papier, 24 x 17 cm

46

47

Kindersprüche 1954–1956, Kartoffeldrucke auf Papier, 34 x 46 cm

Ich sammelte alle Kindersprüche, an die ich mich erinnern konnte. Die drastischen, oft ganz unsinnigen Reime, versehen mit meinen, nicht weniger drastischen, sehr vereinfachenden Bildern, wurden das Lieblingsbuch meiner Kinder.
Es hatte einen Umfang von 74 Doppelseiten in Kartoffeldrucktechnik. Durch Vermittlung von Rainer Zimnik gelangte dieses Buch in die Hände des jungen Georg Lentz, der gerade seinen Kinderbuchverlag gegründet hatte.

49

Die Kühe fressen auf der Weide
Die Gänse gehn im weißen Kleide

Der Elefant ganz langsam geht
Wie ihr auf diesem Bilde seht

Das Zebra ist schwarz-weiß gestreift
Der Löwe durch die Wüste schweift

Die Giraffe hat einen langen Hals
Der Straußenvogel ebenfalls

Und so war unter den ersten verlegten Büchern des „Georg Lentz Verlages" auch mein erstes gedrucktes Werk „Das bunte Bilderbuch", zu dem ich selbst einfache, kinderspruchartige Reime gemacht hatte.
Georg Lentz war auch der Entdecker von Janosch und Tomi Ungerer, deren Erstlingswerke ebenfalls in seinem Verlag erschienen sind.

1956, „Das bunte Bilderbuch", Georg Lentz Verlag, München
1974, Neuauflage bei Thienemanns Verlag, Stuttgart

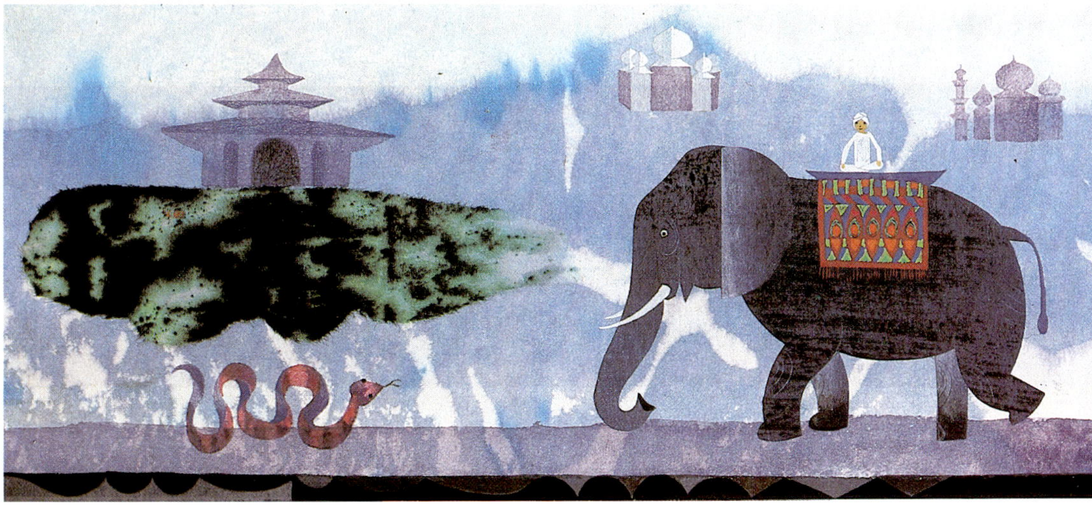

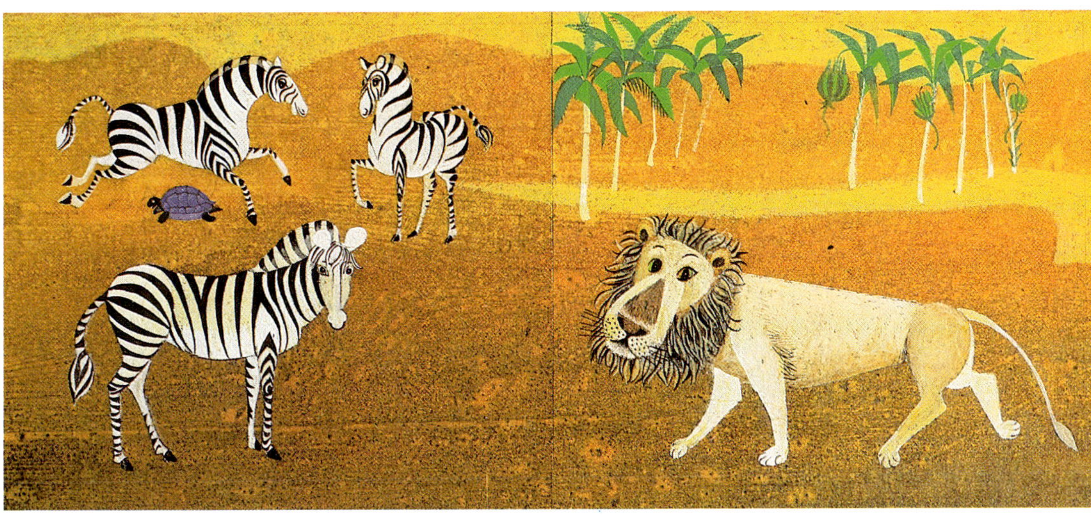

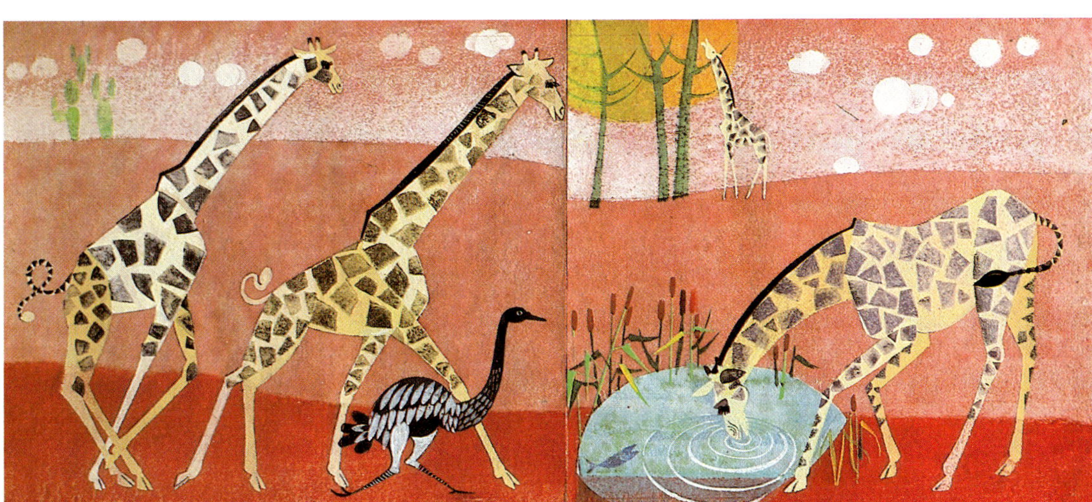

*Liebe Kinder, auf dieser Seite hier,
das ist der Kasimir.
Er zeigt sich Euren Blicken
von vorne und vom Rücken
und auch von beiden Seiten
ich hoff, ihr könnt ihn leiden.*

Mein zweites Buch war „Kasimirs Weltreise", für das ich 1958 den „Deutschen Jugendbuchpreis" erhielt.
Dieser völlig unerwartete Erfolg gab mir den Mut, mich in den nächsten Jahren und Jahrzehnten intensiv mit dem Kinderbuch zu beschäftigen.

1957, „Kasimirs Weltreise", by Georg Lentz Verlag, München
1959, Anette Betz Verlag, München
1991 als Kinderfilm im ZDF

53

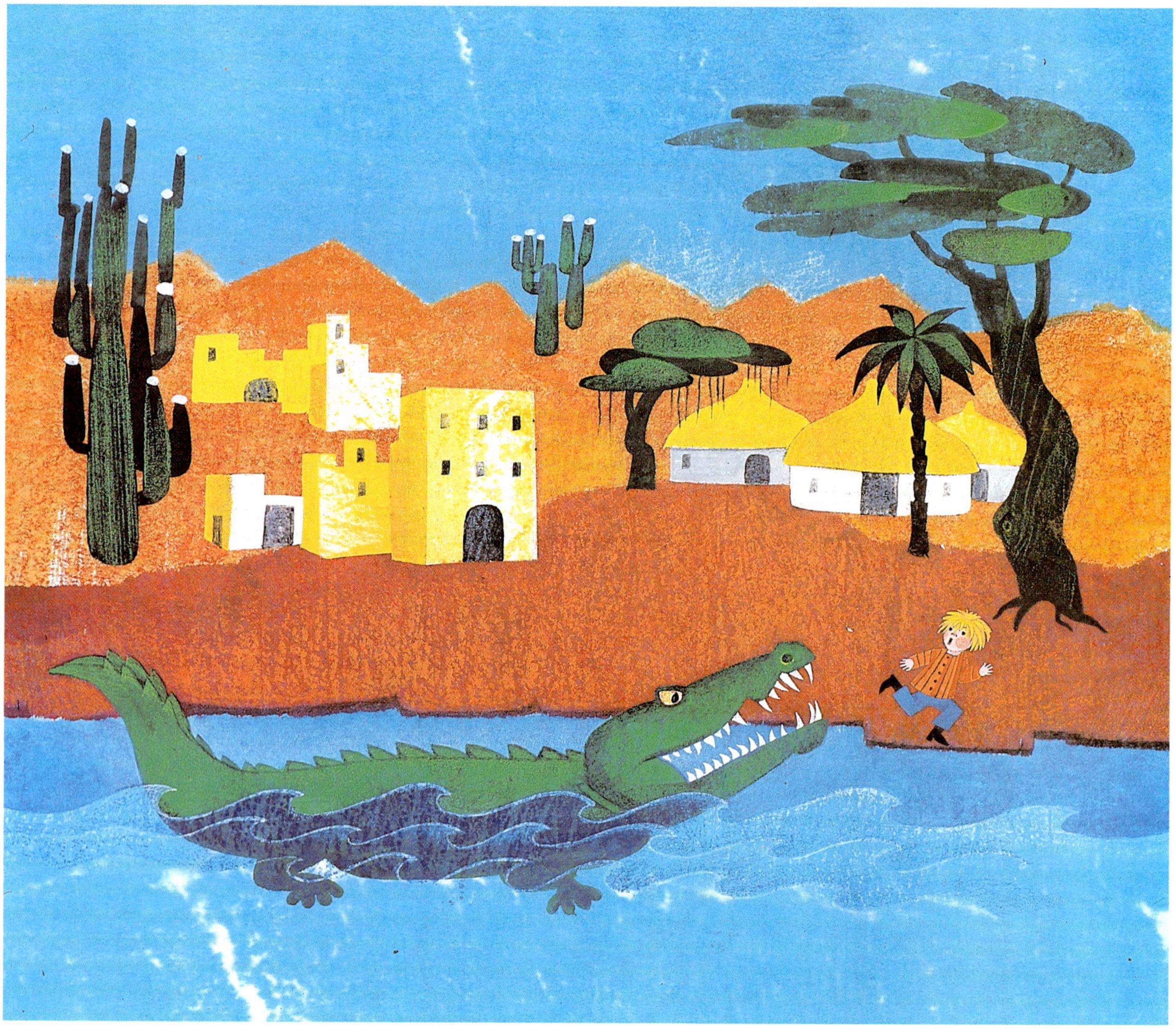

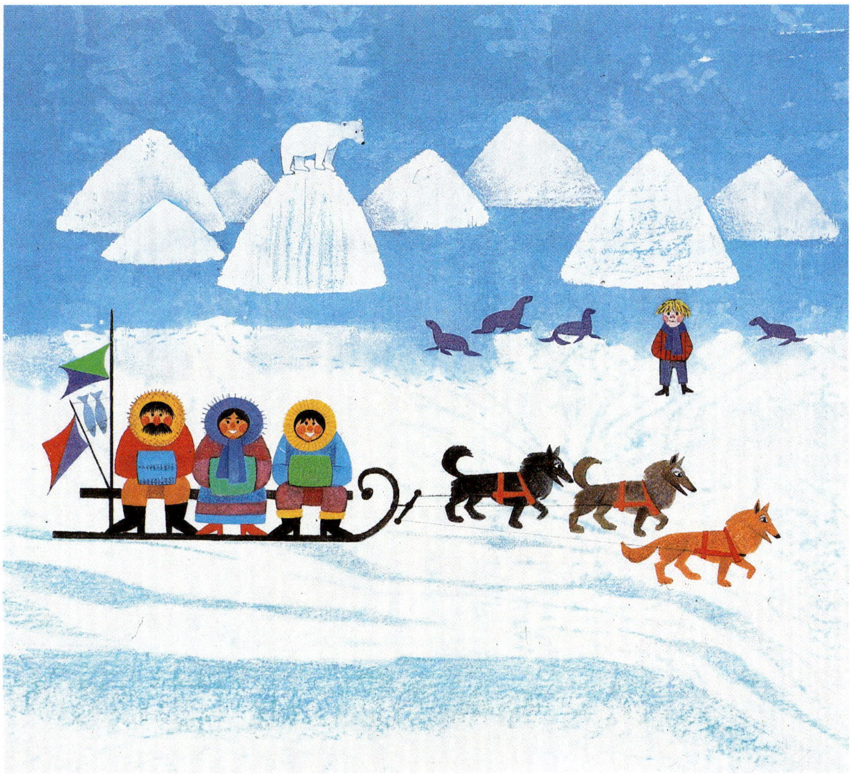

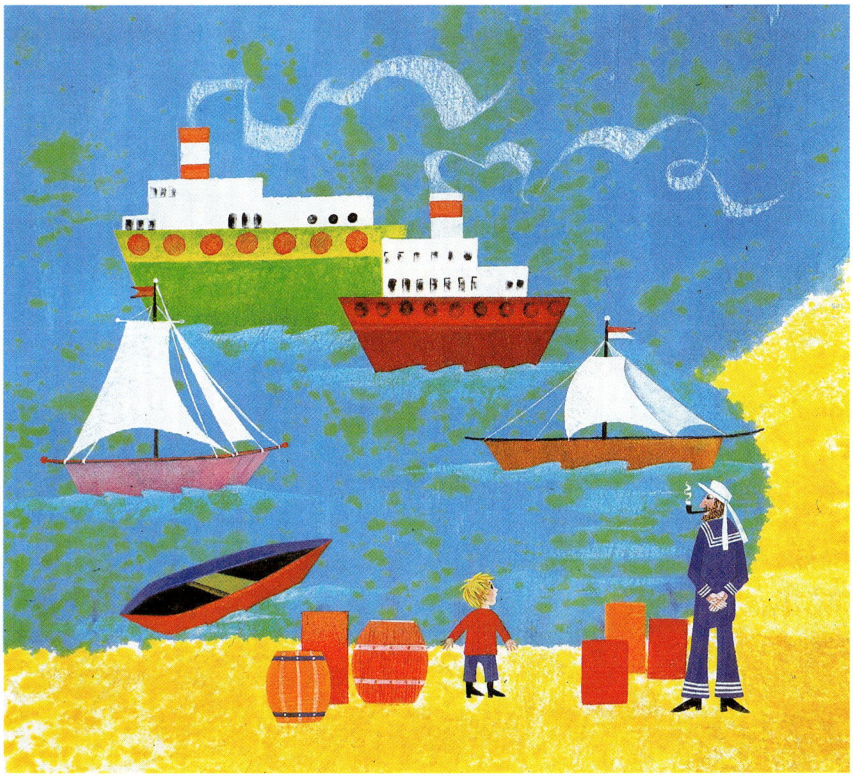

1960 holte mich Dr. Günther Penzoldt an das Deutsche Schauspielhaus in Hamburg für die Ausstattung (Bühnenbilder, Kostüme, Plakat und Programmheft) des Märchenspiels „Pinocchio".
1962 wurde ich nochmals geholt für das Märchen „Reise ins Wunderland"

> . . . Zu beglückwünschen ist das Schauspielhaus für die Idee, das Bühnenbild von der bekannten Bilderbuchautorin Marlene Reidel entwerfen zu lassen. Ihr kindgemäßes Künstlertum verzaubert auch hier nicht nur die Kinder . . . Hamburger Echo, 3. 12. 1960

> . . . Eine Augenweide für Kinder- und wahrlich auch für Erwachsene – ist die farbenfrohe, einfallsreiche, fantasievolle Ausstattung von Marlene Reidel. Genauso wünscht man sich den Zauberwald, das Hexenhaus und was alles dazugehört . . . Die Welt, 3. 12. 1962

57

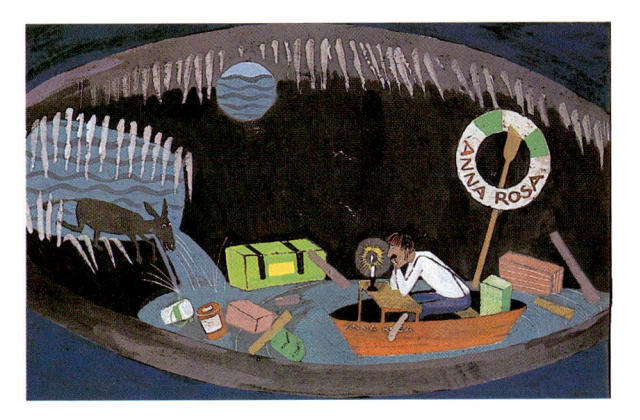

Kostümentwürfe 1960 und 1962, Tempera auf Papier, 20 x 15 cm

59

> Marlene Reidel hat mit beiden Holzschnittfolgen wohl Überzeitliches geschaffen, sie überstrahlen in ihrer unzweifelhaften Gültigkeit ihr gesamtes Lebenswerk. Ihre umfassenden und beeindruckenden Arbeiten – von einer hohen, künstlerisch geprägten Berufung inspiriert – erreichen weite Kreise.
>
> Annemarie Verweyen, in: „Illustration 63", Heft I/1989

Von 1961–1963 entstanden im Auftrag des Bayerischen Rundfunks ca. 140 Holzschnitte zum Alten und Neuen Testament für diverse Fernsehsendungen. 55 davon fanden Verwendung für das Buch „Jesus von Nazareth", Verlag Langewiesche-Brandt, 1978

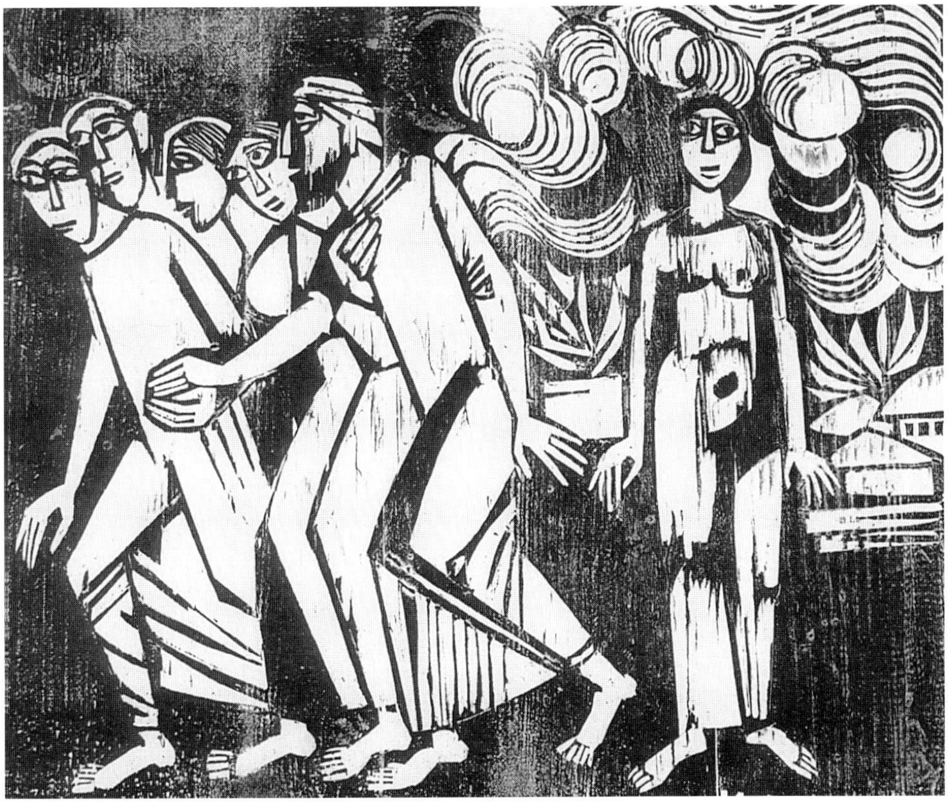

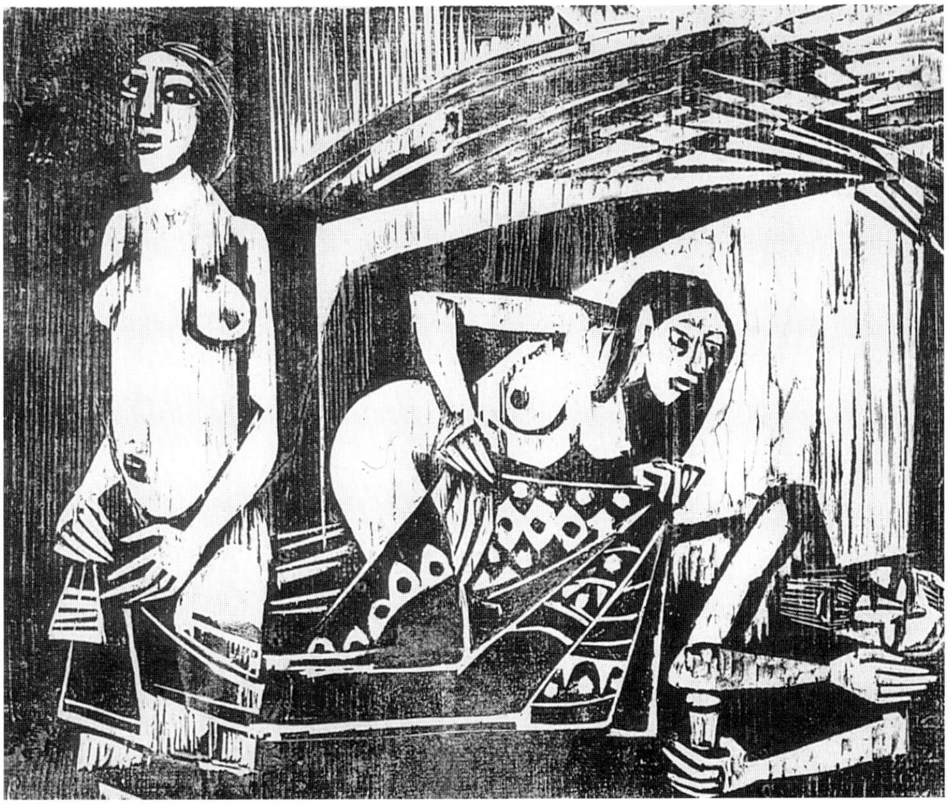

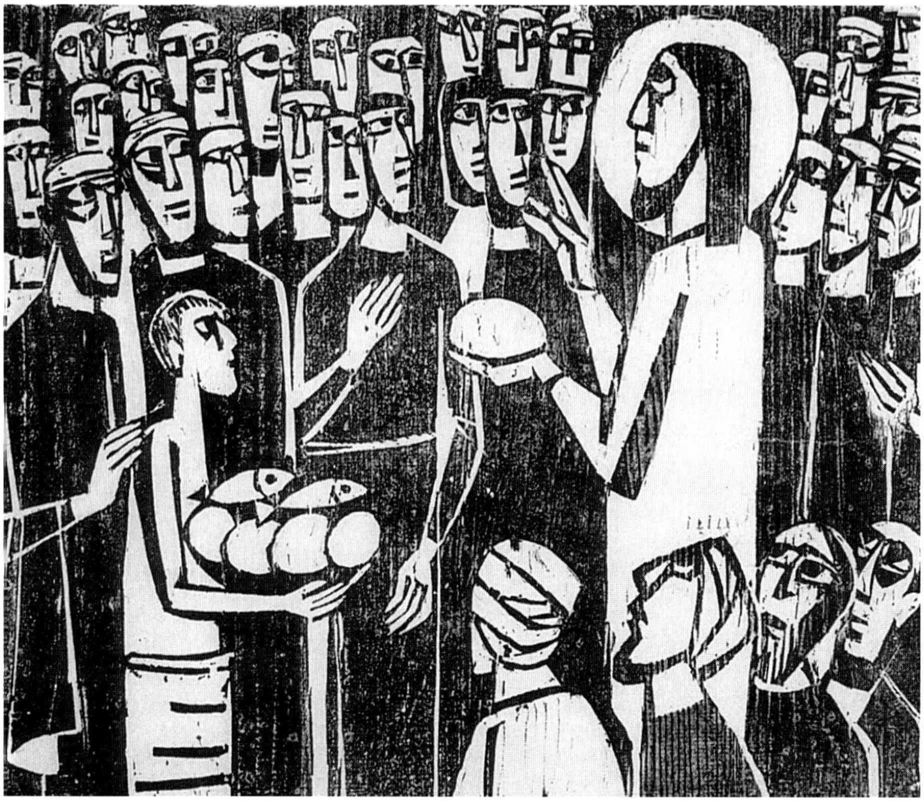

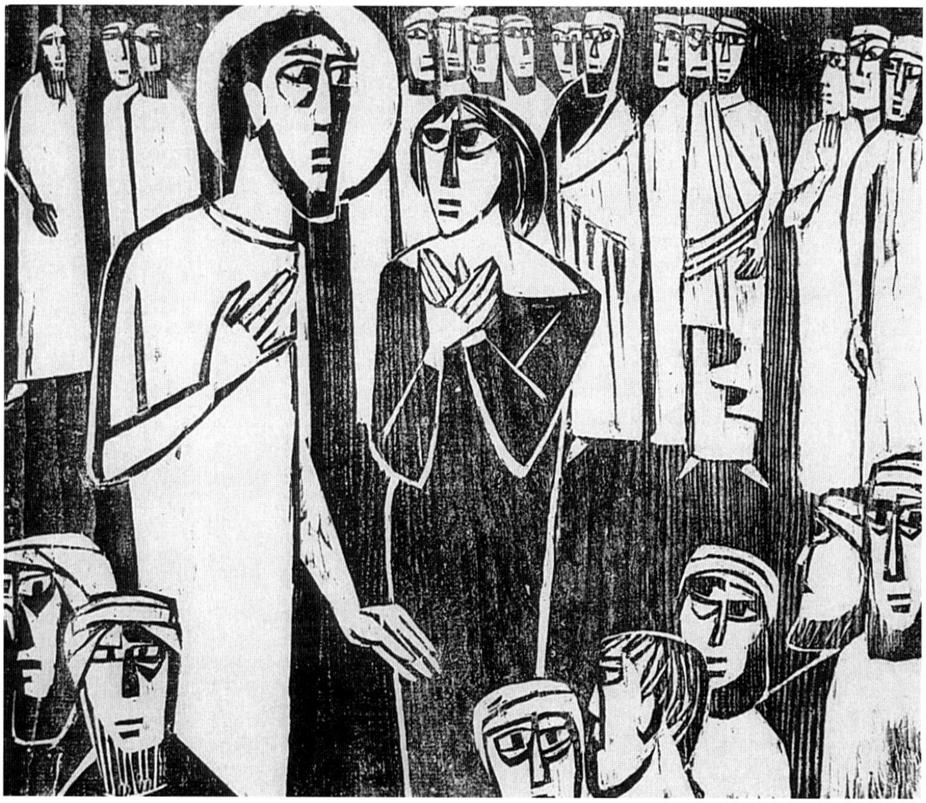

63

„Veronika", Holzschnitt mit 3 Farbplatten, 40 x 30 cm

„Dritter Fall", Holzschnitt mit 3 Farbplatten, 40 x 30 cm

1964 fertigte ich 55 Holzschnitte für einen weiteren Fernsehfilm, über Leben und Sterben des letzten bayerischen Räubers, Mathias Kneißl. 44 davon wurden für ein Buch verwendet, das in verschiedenen Aufmachungen erschienen ist.

„Der Räuber Kneißl", 1966, 1971, 1989, Langewiesche-Brand, Ebenhausen

Das ungewöhnlichste und urwüchsigste Buch des Jahres 1966 ist die Geschichte vom Räuber Kneißl, der 1902 in Augsburg durch das Fallbeil hingerichtet wurde – 44 Holzschnitte von Marlene Reidel, die in ihrer Aussagekraft an K. Schmidt-Rottluff und Franz Masereel heranreichen, Verse aus einem der in Bayern umgehenden Kneißllieder und zwischen den Versen eine knappe und erschütternde Chronik von Wilhelm Lukas Kristl. Was auf den ersten Blick wie ein Bilderbuch aussieht, ist eine jener ganz seltenen Publikationen, die auf jede Normierung verzichten, weil die Sache so außerordentlich und so ungewöhnlich stark ist, daß sie ihre ureigenste Form beansprucht. (Walter Scherf, Zeitschrift für Jugendliteratur 1/1967.)

67

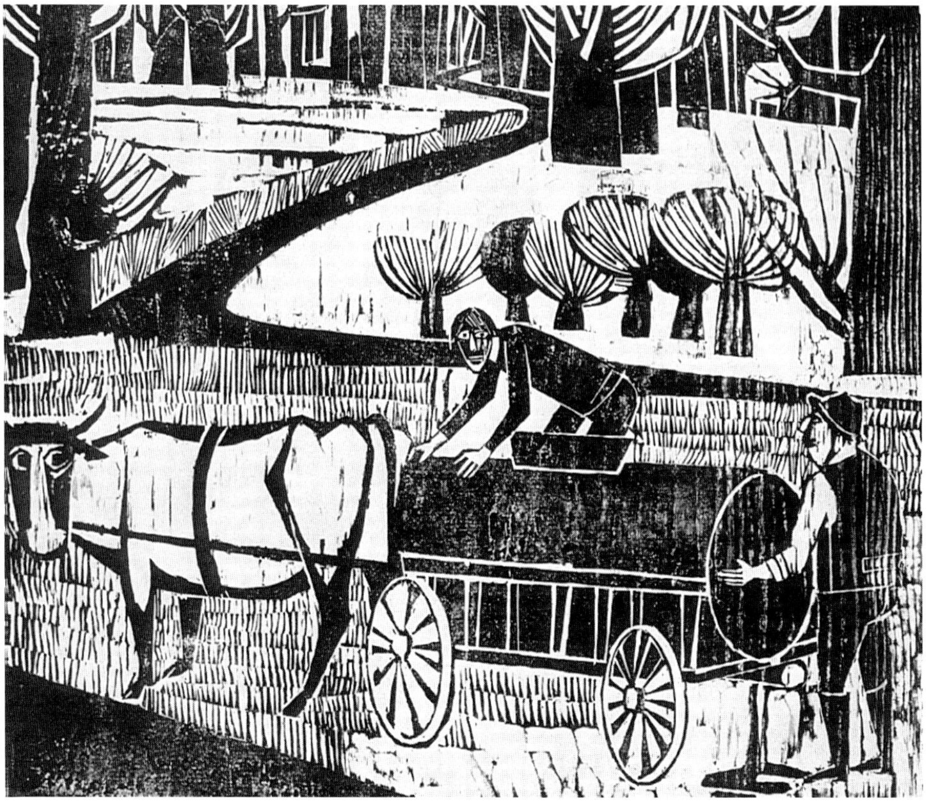

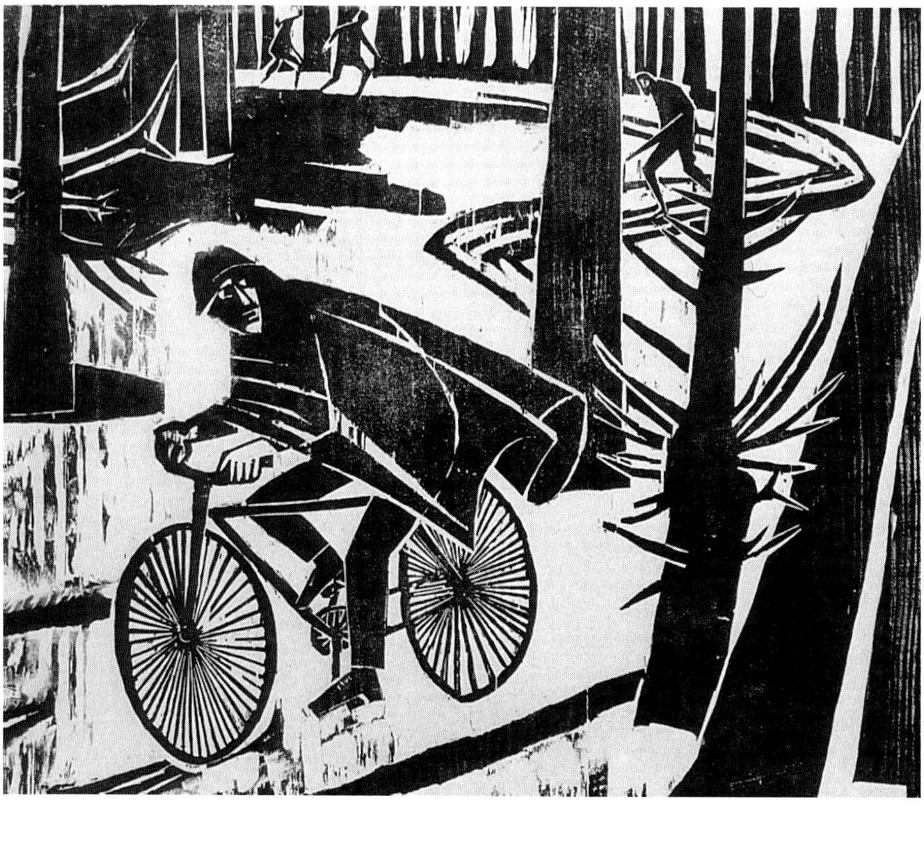

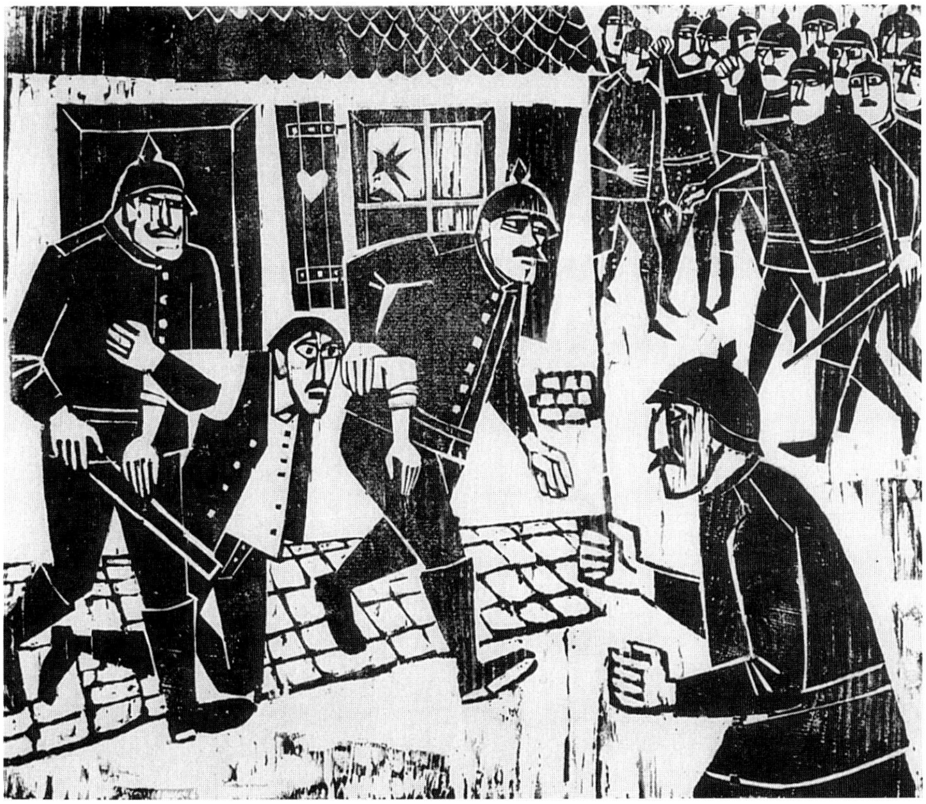

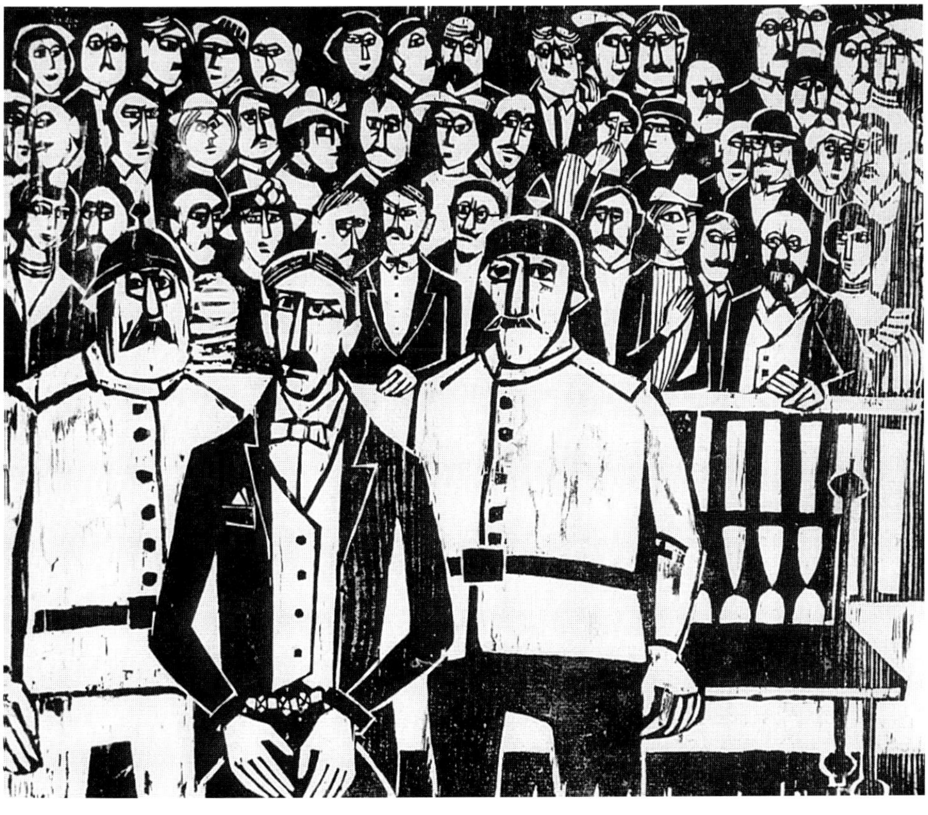

Anfang der sechziger Jahre

Nach abgeschlossenen Illustrationsaufträgen galt meine Liebe immer wieder der Malerei. Meine Modelle waren sehr oft Gläser, deren Durchsichtigkeiten und Lichtbrechungen mich faszinierten und meine Art zu malen nachhaltig beeinflußten.

Komposition 1962, Öl auf Leinwand, 70 x 65 cm

Beate 1962, Öl auf Leinwand, 100 x 60 cm

Selbstporträt 1962, Öl auf Leinwand, 94 x 56 cm

Farbkomposition 1972, Mischtechnik auf Japanpapier, 62 x 93 cm

Farbkomposition 1973, Mischtechnik auf Japanpapier, 62 x 96 cm

Komposition in Blau 1980, Mischtechnik auf Japanpapier, 93 x 62 cm

Farbkomposition 1980, Mischtechnik auf Japanpapier, 93 x 62 cm

Farbkomposition 1972, Mischtechnik auf Japanpapier, 62 x 96 cm

Farbkomposition 1992, Mischtechnik auf Japanpapier, 62 x 93 cm
Nächste Seite: 4 Kompositionen 1992, Mischtechnik auf Japanpapier, 62 x 93 cm

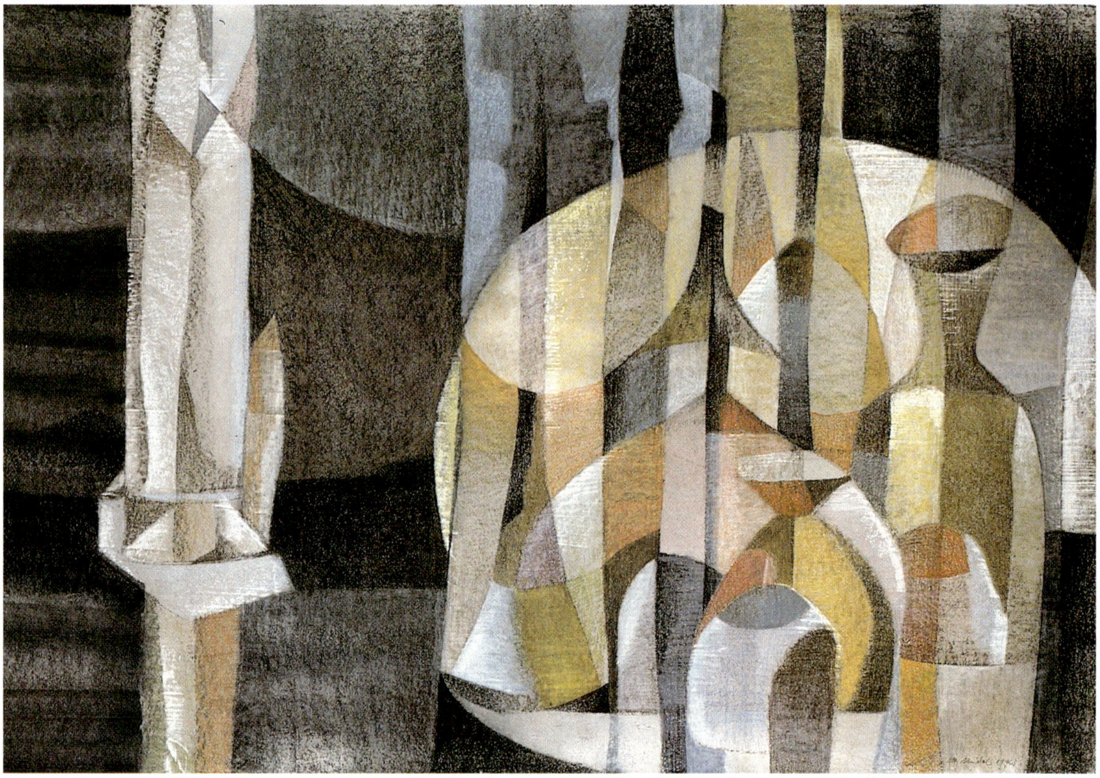

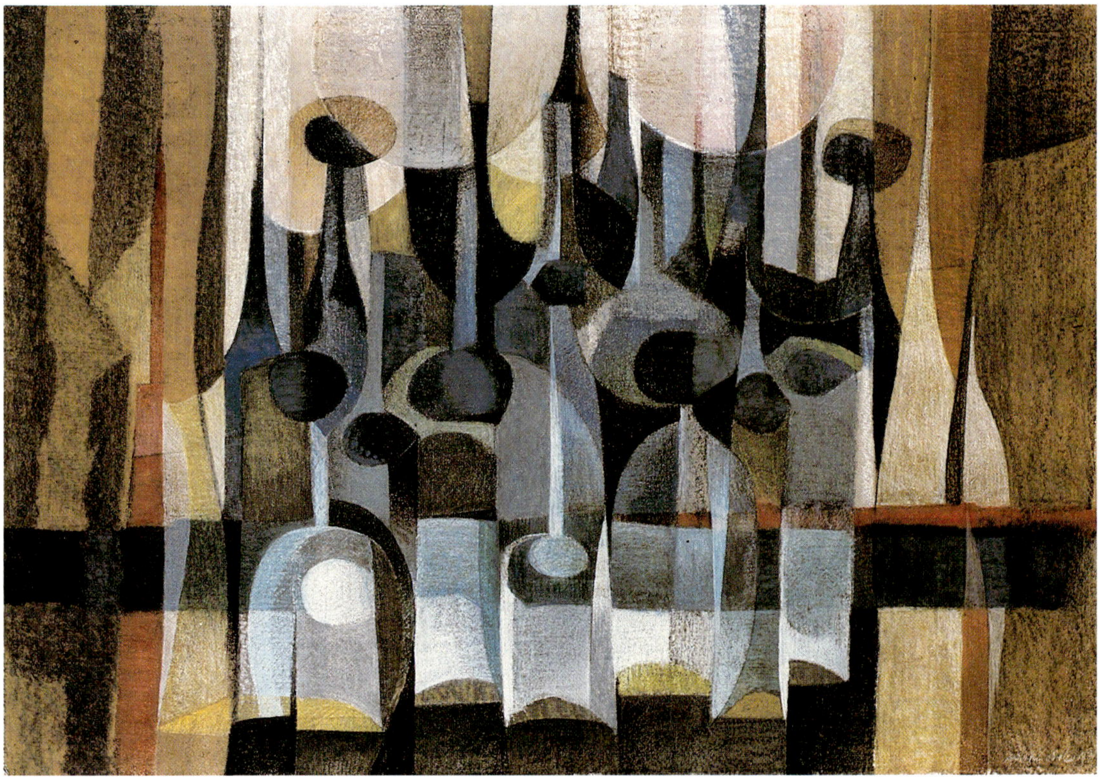

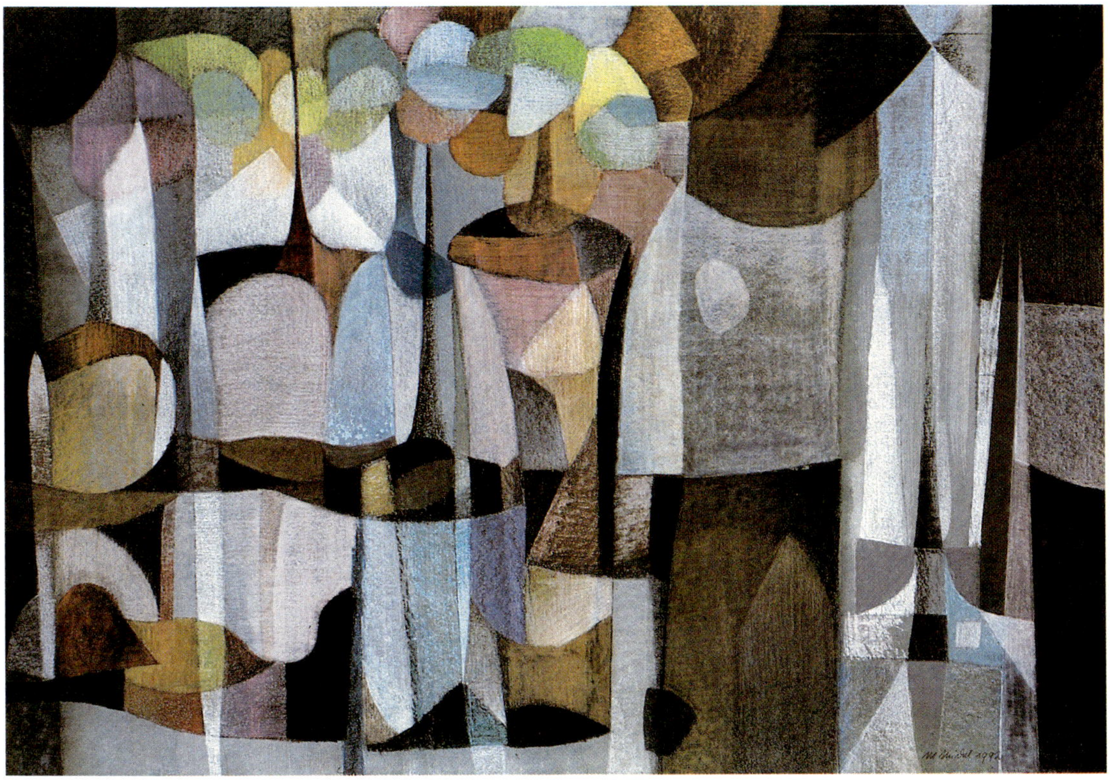

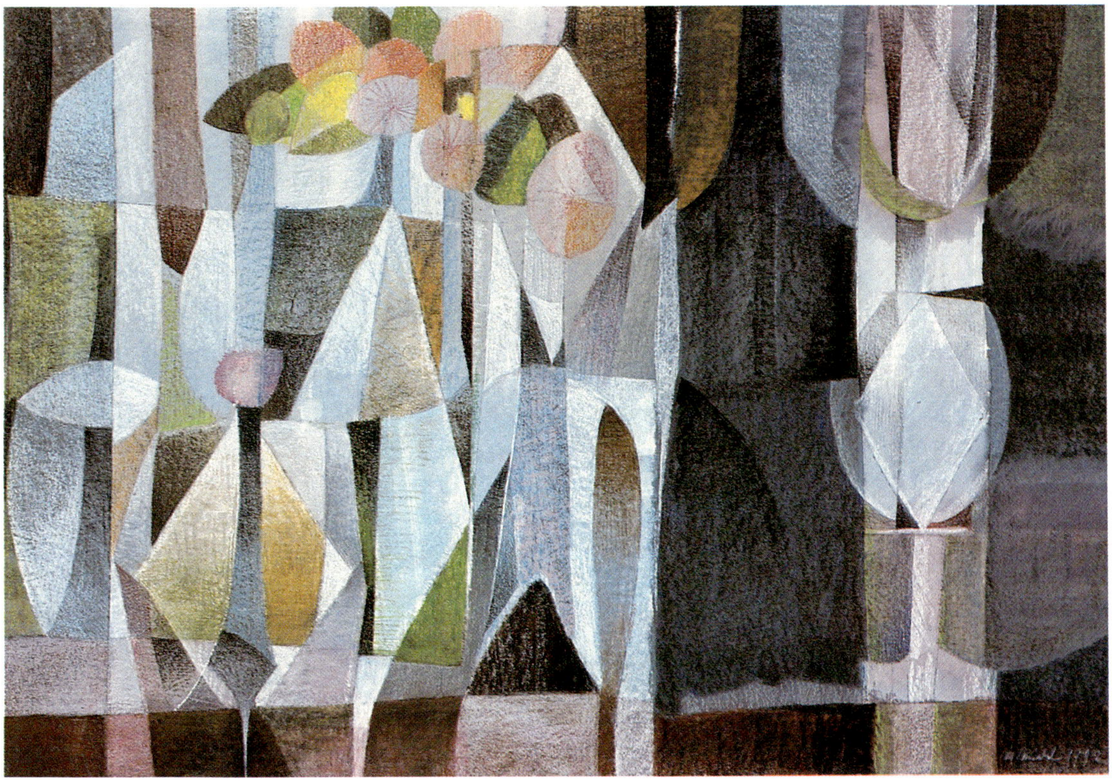

Illustration zu „Die Reise" von Arthur Berger

Von 1965 bis etwa 1970 illustrierte ich verschiedene Schulbücher, vor allem für den Bayerischen Schulbuch Verlag, München und den Sellier Verlag in Freising.

> Jedes der Marlene Reidel'schen Kinderbücher ist ein in sich abgeschlossenes Kunstwerk. Jedes verdient seinen Platz unter den besten Bilderbüchern, die unsere Zeit hervorgebracht hat, denn in jedem hält sich die Übereinstimmung zwischen künstlerischer Qualität und der Kindesgemäßheit der Behandlung von Bild und Text die Waage.
> Dr. Hans Bleibrunner, in: „Heimatkunde von Niederbayern", Band III, 1976

„Mein Lesebuch für das 3. und 4. Schuljahr"
im Bayerischen Schulbuch Verlag, 1969

Illustration zu „Großvater kann Chinesisch" von I. Blazkova

Illustration zu „Ein smaländischer Stierkämpfer" von Astrid Lindgren

Illustration zu „Gottes Hände" aus einem alten Volkskalender

Illustration zu „Ein weißer und ein schwarzer Hammel" von Sergey Michalkon

Illustration zu „Wie Eulenspiegel Turmbläser war" von Erich Kästner

Liebe Kinder, hört gut zu:
wollt ihr spielen „Blinde Kuh"?
Tut es ja nicht auf der Straße,
sondern nur im grünen Grase.

Macht es nicht so wie die beiden!
Sonst müßt ihr große Schmerzen leiden
und dann kommt das Blut ganz rot
und auf einmal seid ihr tot.

Aus „Moritaten für Kinder", 1970, Sellier Verlag, Freising

*Die Susanne ganz entzückt
immer auf den Bildschirm blickt.
Sie ißt nicht mehr, sie spielt nicht mehr,
das Fernseh'n nur war ihr Begehr.
Die Mutter sagt: „Wer auf der Bank
nur sitzt und fernsieht, der wird krank."
Doch Susi war schon so betört,
daß auf die Mutter sie nicht hört.
Da griff auf einmal, welch ein Graus,
ein Gangster aus dem Bildschirm 'raus,
zog sie hinein im Handumdreh'n,
und um die Susi war's gescheh'n.*

*Bet, Kinder, bet, morgen kommt der Schwed,
morgen kommt der Oxestern, der wird die Kinder beten lehrn . . .*

*Petersilie, Suppenkraut wächst in unserm Garten.
Unser Ännchen ist die Braut, soll nicht länger warten . . .*

*Es regnet, es regnet, es regnet seinen Lauf
und wenns genug geregnet hat, dann hört es wieder auf.*

„Das Sprüchehaus", 1974, Annette Betz Verlag, München

91

Etwa ab 1972 begann ich mich für Märchen zu interessieren, und eine große Anzahl von Farbblättern in Mischtechnik auf Japanpapier war das Ergebnis. Viele davon fanden als Buchillustrationen Verwendung und zwar in
„Grimm. Märchen", Anette Betz Verlag, München 1975, 63 Blätter
„Märchenbilderbuch", Anette Betz Verlag, München 1985, 10 Blätter
„Sieben Märchen", Anette Betz Verlag, München 1989, 12 Blätter

> Die herrlichen Illustrationen fügen sich harmonisch zu den altbewährten Texten dieses Märchenbuches... Jedes der ganzseitigen Bilder ist ein kleines Kunstwerk für sich, im Gesamten gesehen ein Höhepunkt in der zeitgemäßen Kinderbuchillustration.
> Österreichische Jugendschriften-Kommission
> beim Bundesministerium für Unterricht und Kunst.

Grimm. Märchen: Die zwei Brüder, 1980, 92 x 63 cm

Grimm. Märchen: Rapunzel, 1972, 92 × 63 cm

Grimm. Märchen: Rapunzel, 1985, 92 x 63 cm

Grimm. Märchen: Der Geist im Glas, 1982, 92 x 63 cm

Grimm. Märchen: Der Teufel mit den drei goldenen Haaren, 1982, 92 x 63 cm

Grimm. Märchen: Die sechs Schwäne, 1984, 92 × 63 cm

Grimm. Märchen: Sterntaler, 1982, 92 x 63 cm

Grimm. Märchen: Von dem Machandelboom, 1986, 92 x 63 cm

Grimm. Märchen: Brüderchen und Schwesterchen, 1985, 92 x 63 cm

Anfang 1975 wünschte sich der Verleger Kurt Sellier für seinen Verlag von mir sechs Leporellos, das sind Streifenbilder, zu den Themen: „Unter der Erde", „Auf der Wiese", „Im Wasser", „Im Wald", „In den Zweigen" und „In der Luft". Während dieser Arbeit, die nicht recht glücken wollte, kam mir die Idee, diese Motive in einem einzigen großen Bild zusammenzufassen. So entstand nach mehreren Anläufen das erste Großposter.
Im Laufe der nächsten 15 Jahre entstanden 17 solcher Bilder. Sie waren durchwegs so komponiert, daß jedes Poster in 16 Teile zerschnitten auch 16 Einzelbilder ergab. Zu jedem Bild verfaßte ich einen Text und so entstand aus jedem Großposter auch ein Buch.

Großposter: Leben im Wald 1975, Mischtechnik auf Japanpapier, 114 x 98 cm
Buch: Waldsommer, 1977, Sellier Verlag, Eching

Großposter: Unser Klima, 1977, Mischtechnik auf Japanpapier, 114 x 98 cm
Buch: Das Wetter, 1978, Sellier Verlag, Eching

Großposter: Leben in Feld und Wiese, 1976, Mischtechnik auf Japanpapier, 114 x 98 cm
Buch: Sommertag, 1977, Sellier Verlag, Eching

Großposter: Unsere Bäume, 1980, Mischtechnik auf Japanpapier, 114 x 98 cm
Buch: Stamm und Laub, 1981, Sellier Verlag, Eching

Großposter: Kreislauf des Wassers, 1981, Mischtechnik auf Japanpapier, 114 x 98 cm
Buch: Wasser und Flut, 1982, Sellier Verlag, Eching

Großposter: Felsen und Steine, 1980, Mischtechnik auf Japanpapier, 114 x 98 cm
Buch: Stein und Staub, 1981, Sellier Verlag, Eching

Großposter: Flammen und Rauch, 1981, Mischtechnik auf Japanpapier, 114 x 98 cm
Buch: Feuer und Glut, 1982, Sellier Verlag, Eching

Drei Motive von Landshut, 27 x 33 cm

Etwa von 1975 an beschäftigte ich mich wieder öfters mit grafischen Arbeiten. Ich schnitt verschiedene Motive in Linol und druckte sie auf Japanpapier. Einen Teil davon kolorierte ich mit Aquarellfarben.

111

„Frühling" 1975, kolorierter Linolschnitt, 48 x 60 cm

„Winter" 1976, kolorierter Linolschnitt, 48 x 60 cm

„Schafherde" 1976, kolorierter Linolschnitt, 52 x 32 cm

„Landshut vom Hachlstuhl aus" 1977, kolorierter Linolschnitt, 52 x 32 cm

"Album schöner Tiere" 1982, by Thienemanns Verlag, Stuttgart
Gedichte: Josef Guggenmos

117

Kolorierte Linolschnitte, 24 x 17 cm, zu dem Buch „Namenspatrone in Bild und Legende",
by Verlag Carl Ueberreuter, Wien 1985
Text: Gregor M. Lechner OSB

ST· ISIDOR · S· JOHANNA V ORLEANS

S· PERPETUA S· FELICITAS · ST· FRANZISKUS

Das ist der Lorenz, da steht er, da sitzt er und da liegt er in einer Wiese

... Marlene Reidel hat ihre Kindheitserinnerungen ins Allgemeingültige überhöht und in eine reizende und auch psychologisch überzeugende Bild-Text-Geschichte gekleidet. Jedes Bild zeigt Grundsituationen bäuerlichen und ländlichen Geschehens, gesehen aus der Warte eines Kindes ...

Österreichisches Bundesministerium für Unterricht, Kunst und Sport,
Kommission für Kinder- und Jugendliteratur, 23. 10. 1987

„Der Lorenz, Ein Jahr in Grottental", 1976 by Sellier Verlag
„Der Lorenz", 1987 by Verlag St. Gabriel, Mödling bei Wien
„Der Lorenz aus Krottental", 1987 Kinderfilm für das ZDF

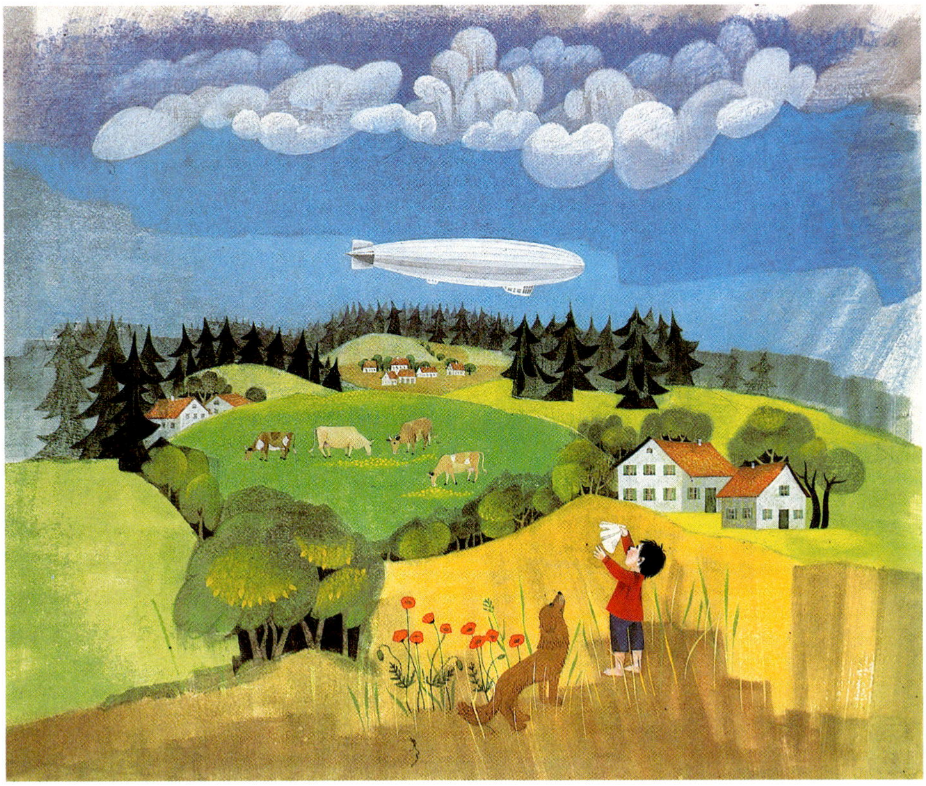

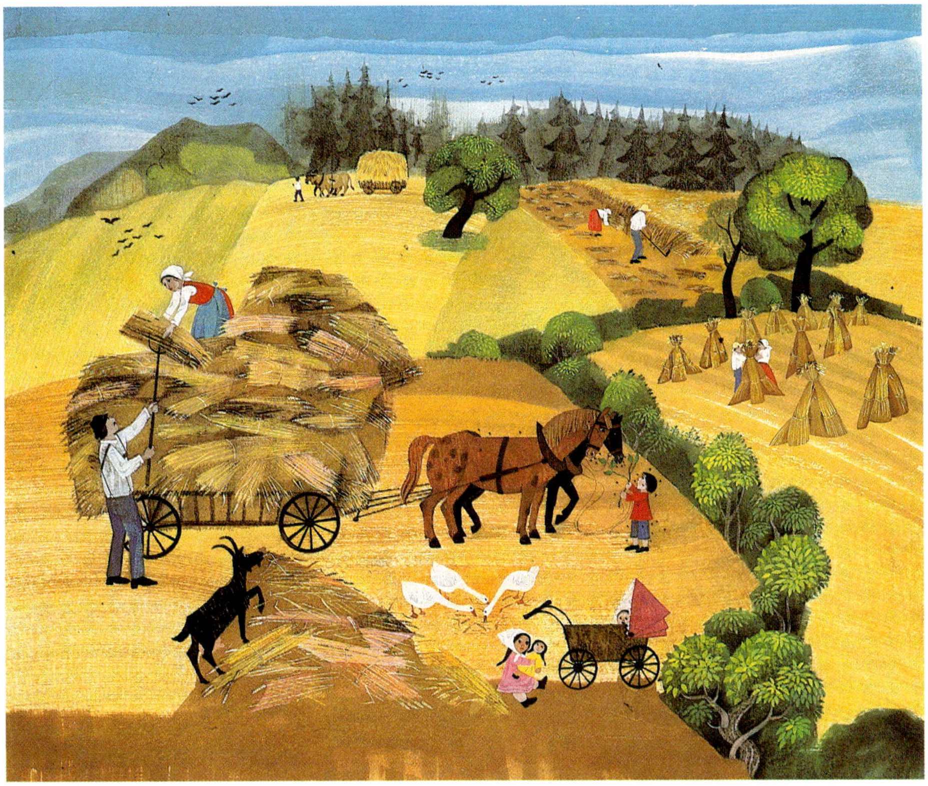

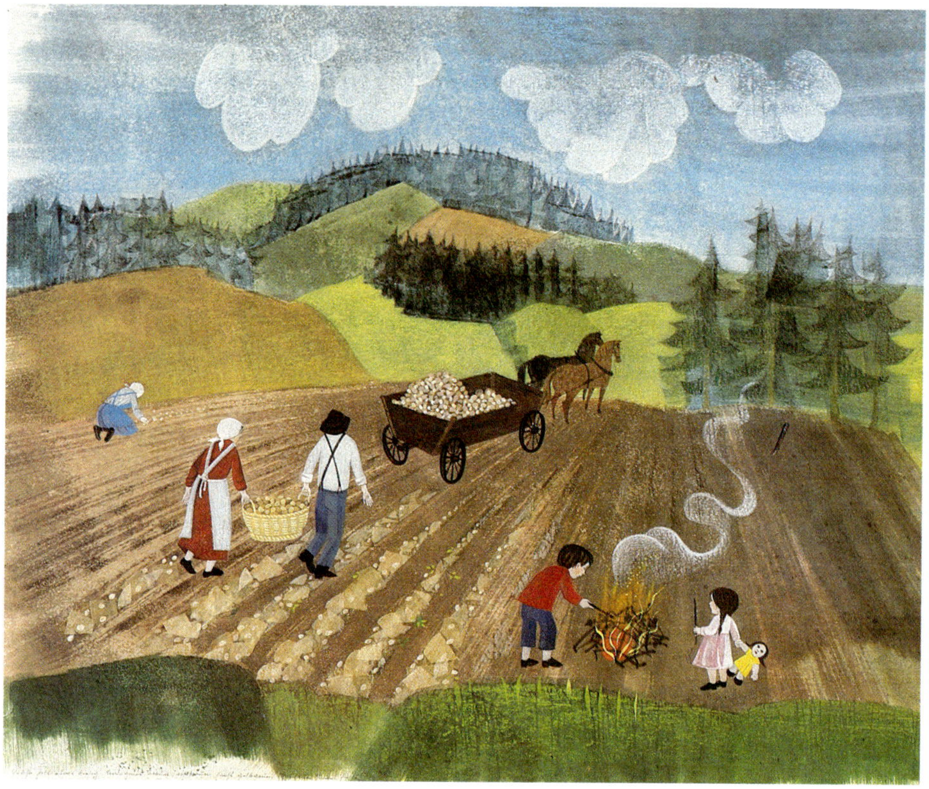

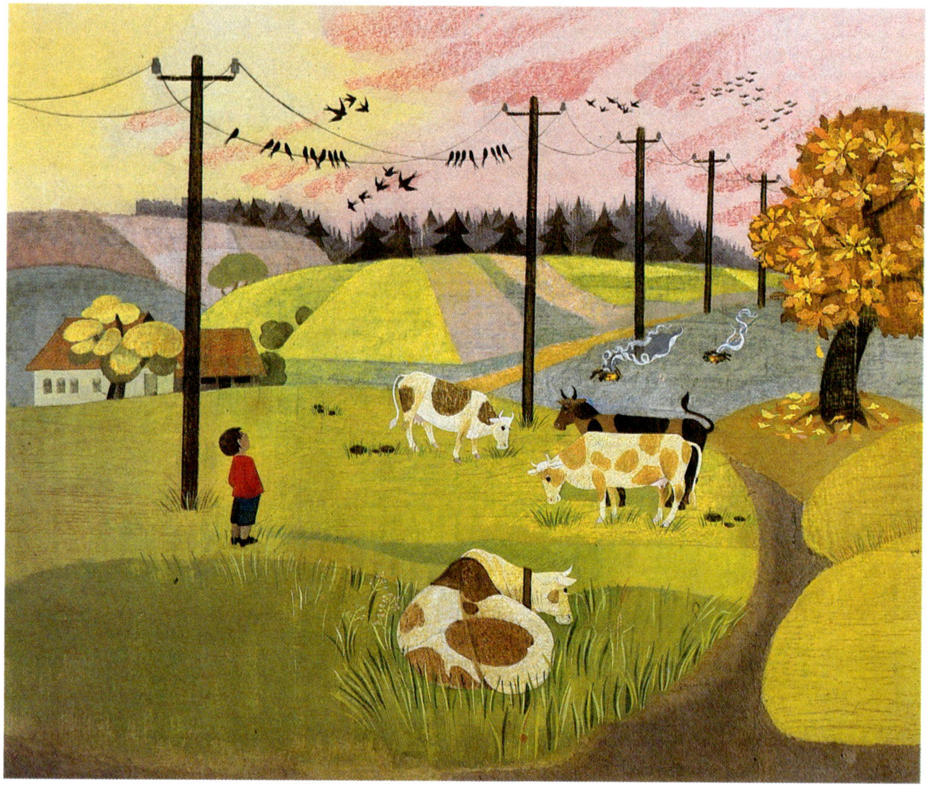

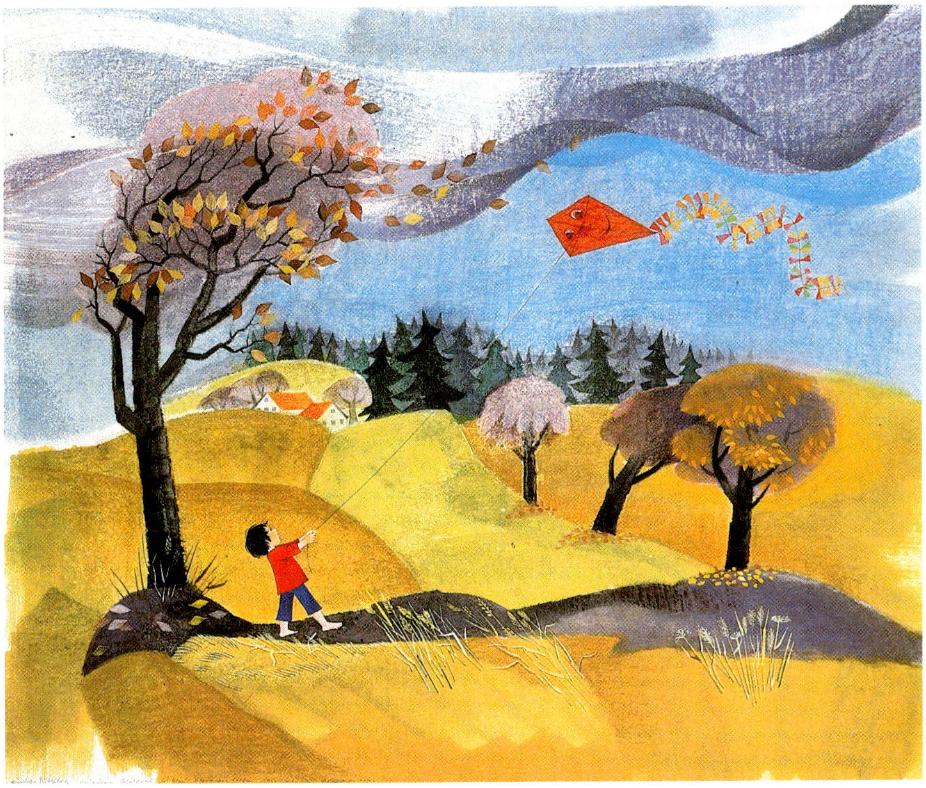

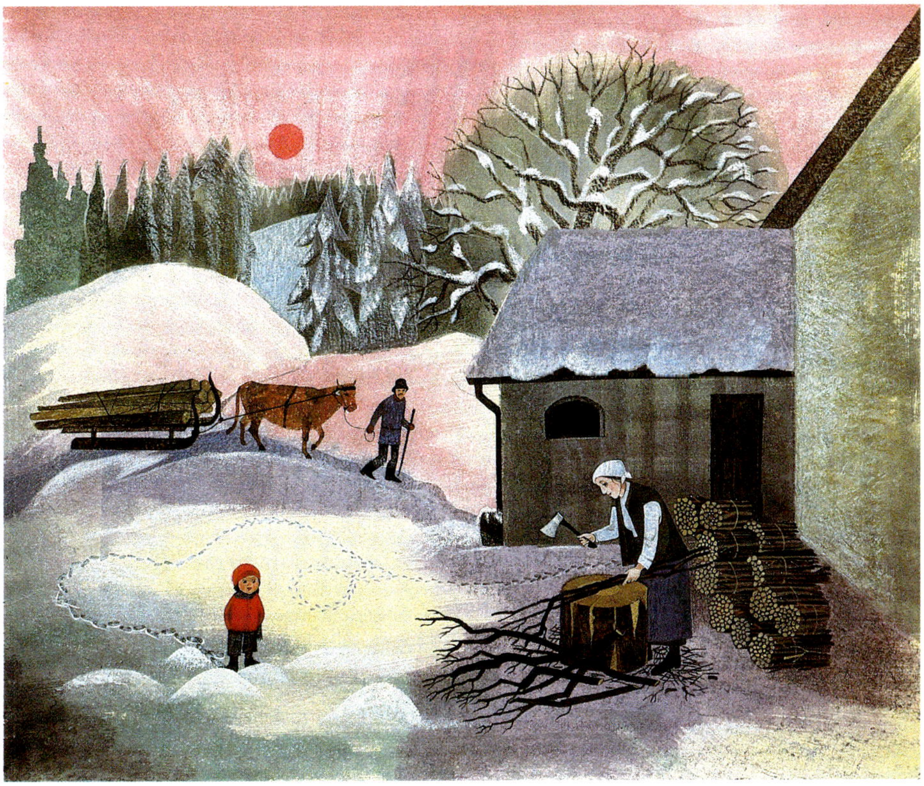

Ein Igel, der hat's gut, weil keiner ihm was tut.
Er ist um seine Stacheln froh –, beim Gabriel war es ebenso.

Der Wirklichkeit ein Schnippchen schlagen, über sie hinausgelangen, wenigstens ein Stückchen weit. Welch ein Genuß. Marlene Reidel gibt ihn ihrem Gabriel tüchtig zu kosten. Diese Malerin und beherzte Reimedichterin hat einen guten Blick für ästhetische wie psychische Proportionen. Wie sie die unausweichliche Rückberührung mit der Wirklichkeit etappenweise vorbereitet, ohne doch im geringsten lehrhaft zu werden; und wie sie endlich die Entzauberung und Versöhnung herbeiführt, ohne doch das Kind zu beschämen oder zu enttäuschen. Alles ist hier einleuchtend, einfach, herzlich klug. Ein Kinderbuch voller Wohlwollen, großzügig und mit künstlerischem Takt: Was will man mehr.

Süddeutsche Zeitung, 21. 8. 1976

„Der Gabriel mit dem Zauberstab", 1976 by Thienemanns Verlag, Stuttgart

... Und zaubert sich mit einem Wort, einen Roller und fährt fort ...
... Und er zaubert eins, zwei, drei, den Hunden ein paar Würst' herbei ...

... Ein Schornsteinfeger, heißt's, bringt Glück,
Doch hier wird er zum Mißgeschick.
Er zieht und zerrt, o schaut nur hin,
den Gabriel aus dem Kamin.

Der, wenn auch schwarz, läßt sich nicht kriegen,
er macht sich Luftballons zum Fliegen.
Schwebt in den Himmel hoch hinauf,
der Schutzmann unten schreibt ihn auf ...

... Da sagt der Schmied: „Hier hilft nichts mehr,
bei sowas muß der Pfarrer her."
Doch eh der Pfarrer helfen kann,
fliegt aus der Luft der Zauberer an ...

. . . Die Ohren, Hörner, Schwänze, Nasen sind plötzlich fort, wie weggeblasen, und ein jeder freut sich sehr, daß er so schön ist wie vorher.

Der Erich war ein schönes Kind,
so, wie nicht alle Kinder sind.

Doch einmal hat er was gemacht,
da wurde schwarz er wie die Nacht.

und das kam so:

Der Himmel wurde wieder bläulich,
der Erich aber war abscheulich . . .

Er war ganz schwarz, es war ein Graus,
da lief der Erich schnell nach Haus,
zu seiner Mutter lief er heim,
die bleichte ihn im Sonnenschein . . .

Der Erich baute sich ein Schiff
und als der Wind ganz heftig pfiff,
da fuhr er froh und munter
den kleinen Bach hinunter.

Der Bach floß in die Isar,
die nun auch schon viel breiter war,
so schwamm der Erich denn ganz heiter
auf der grünen Isar weiter.

Bis wieder, nach geraumer Zeit –
der Erich war nun schon ganz weit –
die Isar in die Donau fließt;
hier kann man sehn, wie breit sie ist . . .

. . . Er schwamm viel Tage so daher,
bis dann die Donau floß ins Meer,
das Meer war schwarz, die Häuser weiß,
von oben schien die Sonne heiß.

Doch plötzlich kam mit Regenschauer
eine dunkle Wolkenmauer.
Die Wellen wurden wie ein Haus
und warfen ihn zum Schiff hinaus.

Und der Erich kam mit Not
an das Land mit seinem Boot.

„Der schöne Erich", 1976 by Anette Betz Verlag, München

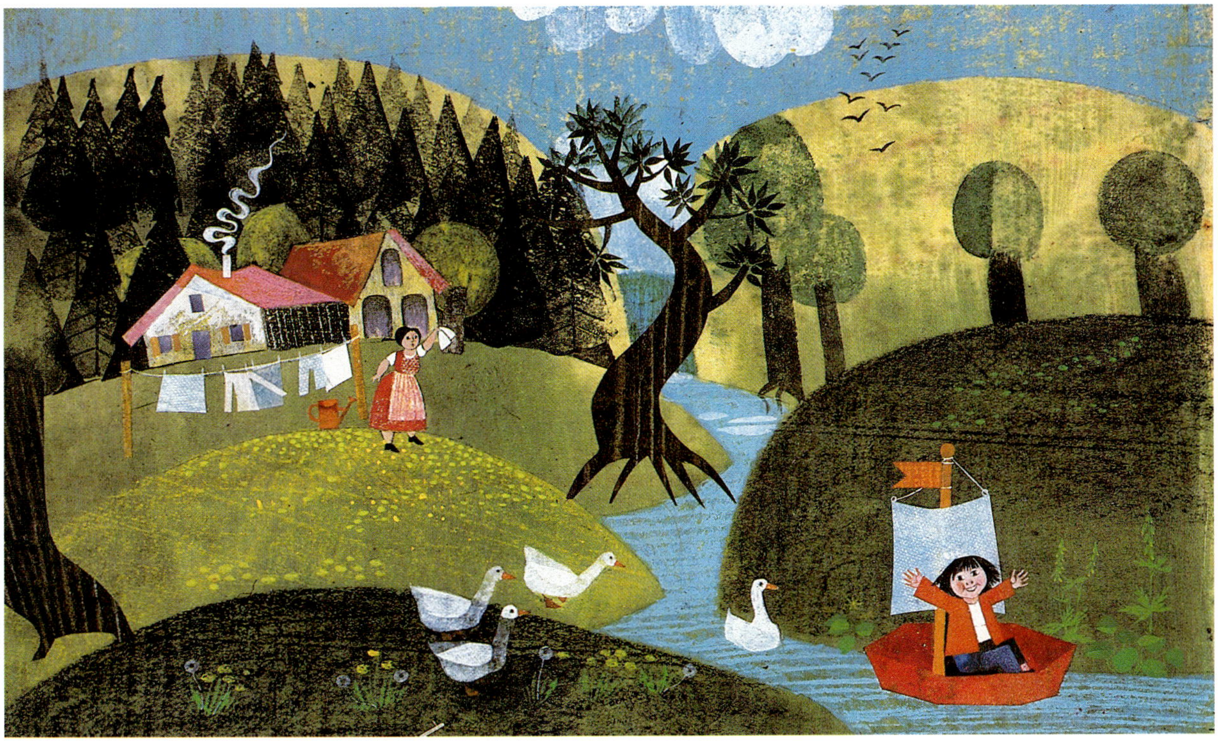

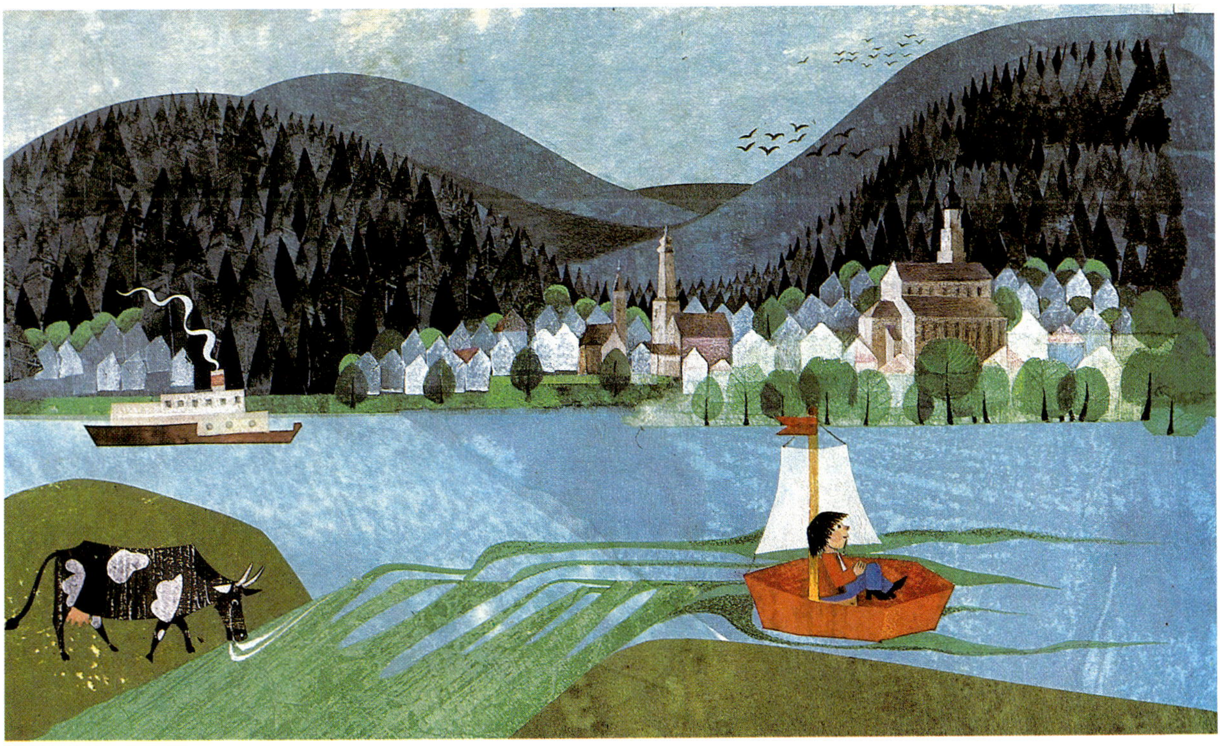

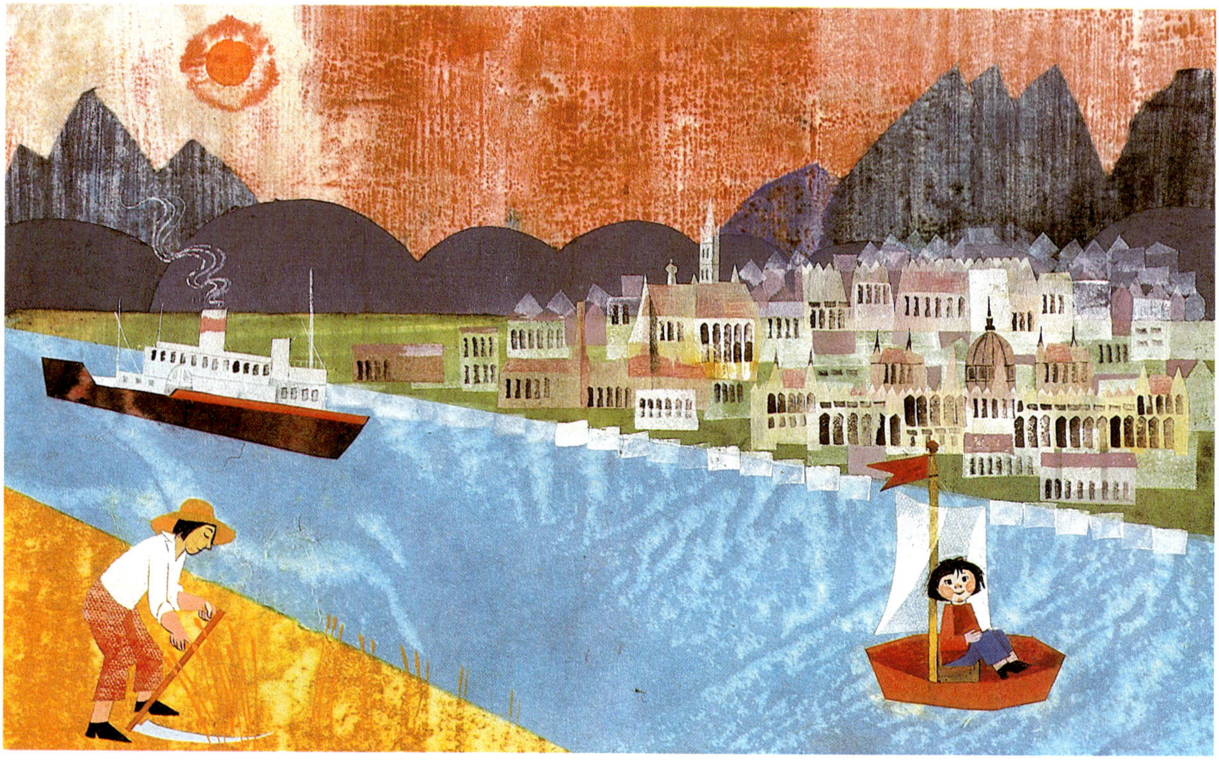

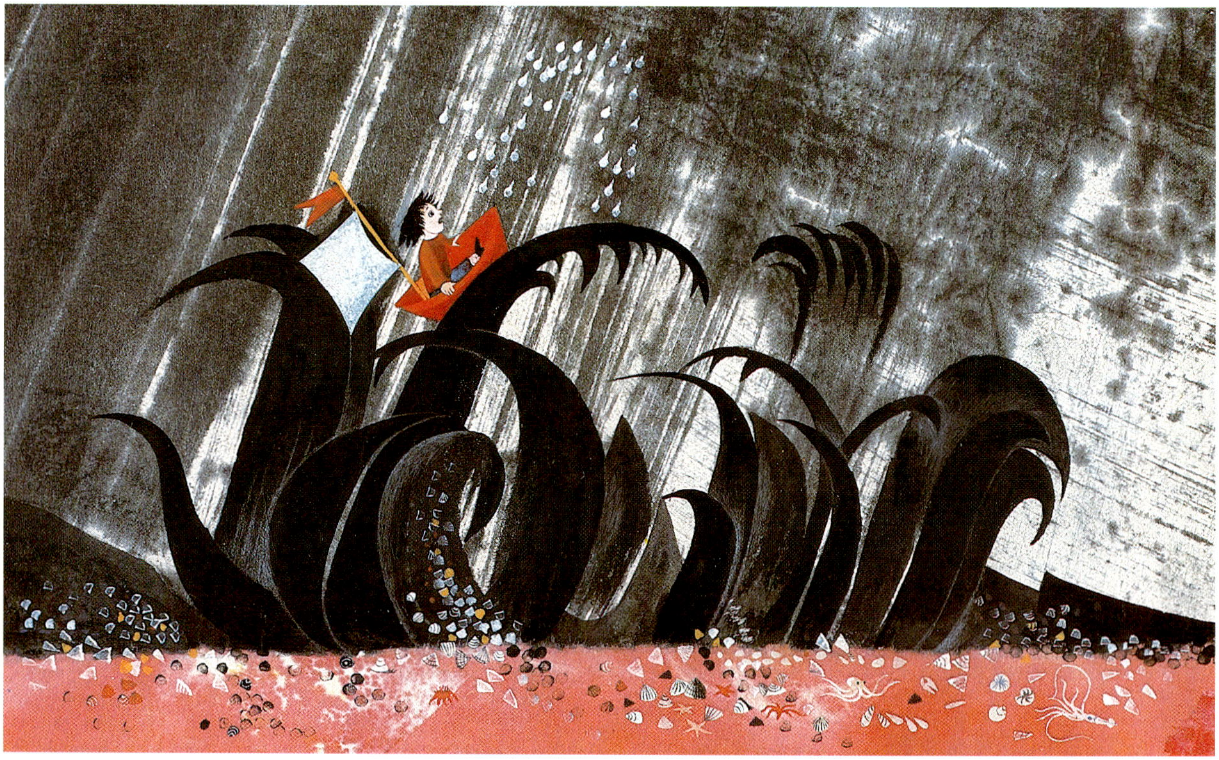

… Man spürt die Sicherheit der großen Könnerin, die prächtige Landschaft, auf Doppelseiten ausgebreitet: märchenhaft, montiert aus klar geprägten Teilen, zum Signet vereinfacht im bewaldeten Berg, im Isarstädtchen, türmereichen Wien, in Kuppeln und Spitzbögen eines rosa glimmenden Orients. Die beherzte Meisterin hat den echten Koloristen-Sinn für Wetter, Klima, Atmosphäre; schon allein der Stimmungswechsel ihrer Bilder vom feuchten heimatlichen Blau und Grün zum Orange und Violett exotischer Breiten ist es wert, der Reise des schönen Erichs zu folgen. Die wenigen Verse, die den „Erich" begleiten, sind kurz und resolut; ein Buch, das satt macht, ohne doch zu beschweren.

Süddeutsche Zeitung, 10./11. 9. 1977

*Der Jackel, der hat Flöhe, der Struwelpeter Läuse, der Franz, der hatte Mäuse,
die saßen gern auf seiner Hand, was der Franz recht lustig fand
und tanzte er mit Margarit, tanzten auch die Mäuse mit ...*

Die Autorin geht von der richtigen Annahme aus, daß die Schauer- und Räuberromantik auch Kindern einen besonderen Lesespaß bereitet. Sie ist aber gleichzeitig bestrebt, das Grauen nicht triumphieren zu lassen, sondern als besiegbar darzustellen. Ihre farbensatten Bilder sind von atemberaubender Meisterschaft.

Berliner Rundschau, 17. 11. 1977

„Der Mäusefranz", 1977 by K. Thienemanns Verlag, Stuttgart

... Als eines Tages in der Stadt man einen großen Jahrmarkt hat,
gingen auch die beiden hin, durch den Wald – die Sonne schien ...

Auf dem Jahrmarkt gab es Sachen! Zum Gruseln, Wundern, Staunen, Lachen.
Und einen Mann, der hat an Stangen, viele goldne Sterne hangen.
Da kauft der Franz solch einen Stern, um ihn der Margrit zu verehrn.
Drauf machen sich die zwei alsbald, auf den Heimweg durch den Wald.

*Doch drei Räuber hatten hier, immer schon ihr Jagdrevier.
Die wollten rauben gleich den Stern, denn Räuber haben Gold so gern.
Die Margrit war dem Weinen nah – da, plötzlich waren die Mäuse da.
Und die liefen, ei, wie fein, den Räubern unters Hosenbein.
Auch unters Hemd sie krabbelten. Die Räuber schrien und zappelten
und hüpften hin und hüpften her, denn Mausgekrabbel kitzelt sehr . . .
. . . Um los zu werden diese Plage, verrieten sie alsbald die Lage
von ihrem ganz verborgenen Schatz, an einem ganz versteckten Platz . . .*

... In der Sonne vor dem Haus, breiten sie den Schatz nun aus:
Schneckenhäuser, Wetterkerzen, schöne Steine, Kuchenherzen,
bunte Schusser, einen Kreisel, ihn zu treiben eine Geißel ...
Eine Muschel, welche rauscht, wie das Meer, sobald man lauscht.
Einen Hut mit Band herum und ein Tütchen „Ibidumm" ...
... Vogelfedern, Haselnüsse, eine Hand voll Negerküsse.
Wie man sieht, war mancherlei, für die Mäuse auch dabei.
Drum seid zu kleinen Mäusen gut, vor Räubern aber auf der Hut.

1966 war unser letztes, unser sechstes Kind, Antonia, zur Welt gekommen. Angeregt durch sie entstand das Kinderbuch „Antonia", das Mädchen, das sich verwandeln konnte.

1978 by Georg Lentz Verlag GmbH, München; 1990 Kinderfilm für ZDF

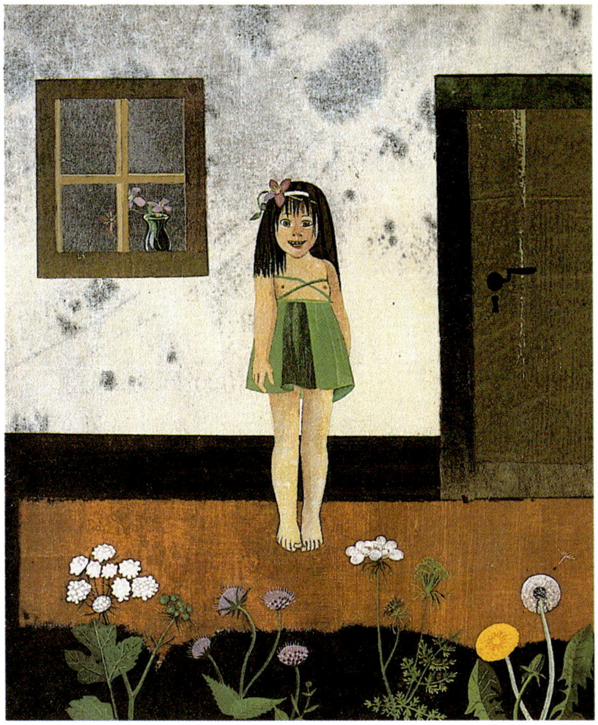

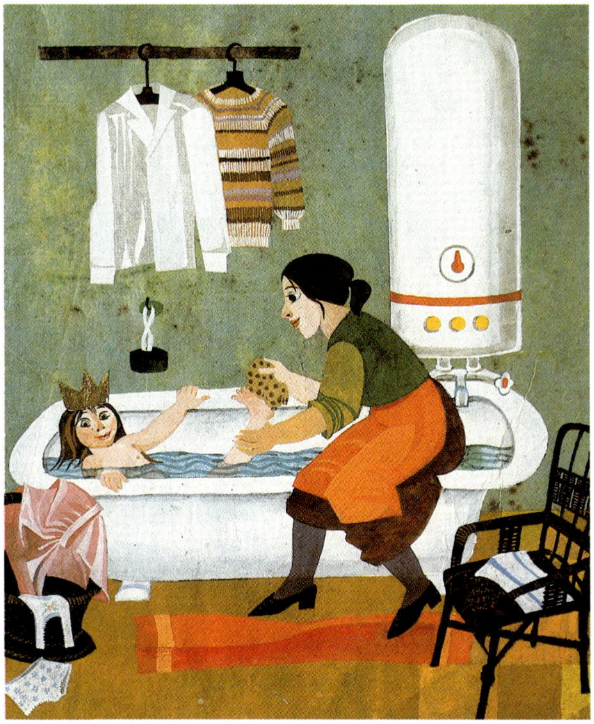

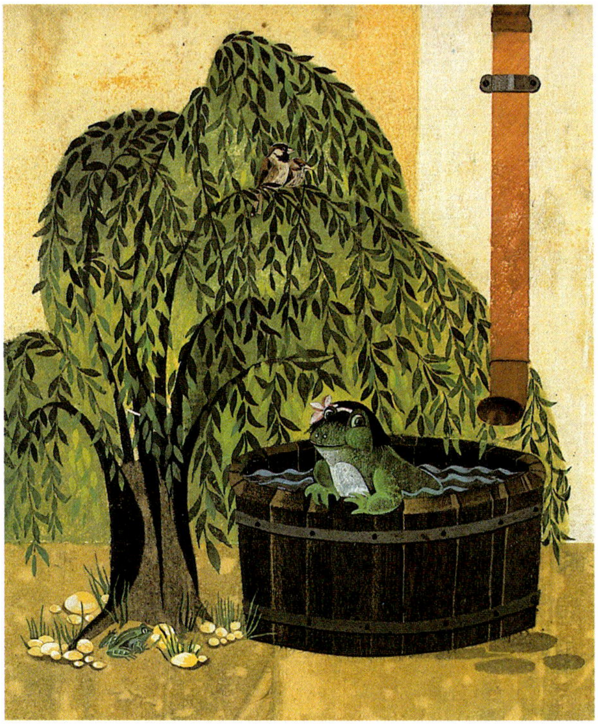

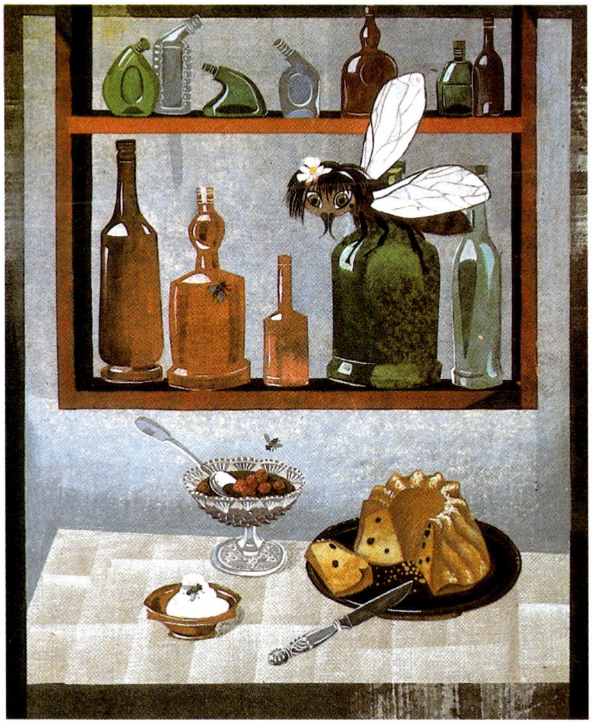

138

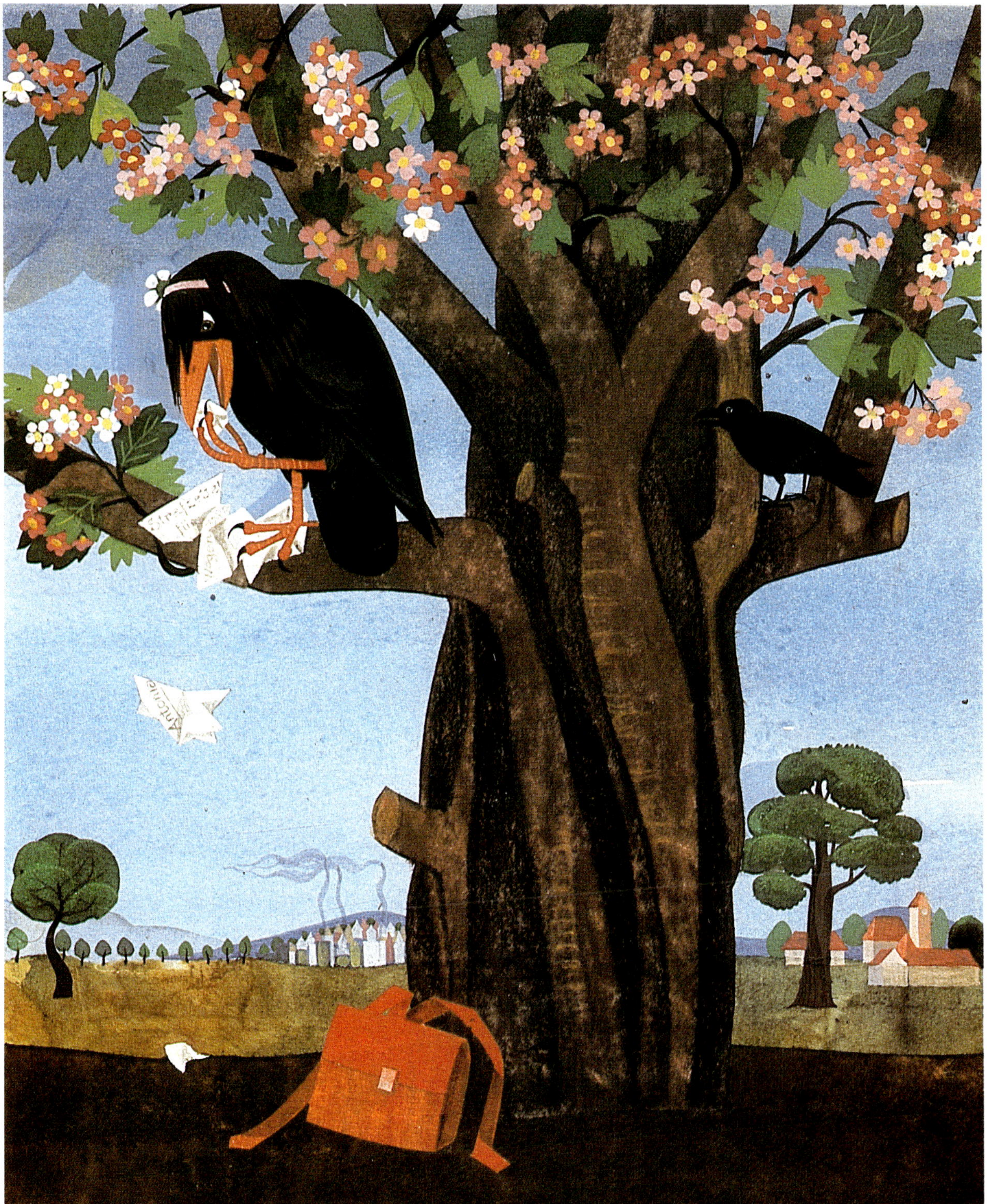

Illustrationen zu „Anna und die Weiherhex"

Anna verbringt ihre Ferien auf dem Land, wo sie in Gemeinschaft der Bauernkinder zu viel frischer Luft und Bewegung kommen soll. Doch nicht die Dorfkinder sind es, mit denen Anna ihre Zeit verbringt, sondern eine alte Frau, die „Weiherhex", die als Außenseiterin am Rande des Dorfes ein einsames, für Anna jedoch höchst interessantes Dasein führt. Die unvoreingenommene Anna findet an der Weiherhex Qualitäten, die den Dorfbewohnern unentdeckt geblieben waren. Für Anna und die alte Frau wird die Ferienzeit ein glückliches Erlebnis. – Dieses Kinderbuch läßt – wie von der Autorin zu erwarten war – nichts zu wünschen übrig. Der tiefgehende Inhalt der Geschichte mit all den kleinen Details, die so viel Einfühlungsvermögen erkennen lassen, die einfache, schöne Sprache und die eindrucksvollen Bilder machen das Buch zu einem Meisterwerk.

Österreichisches Borromäuswerk, Mai 1980

1979 by Thienemanns Verlag, Stuttgart
1990 Kinderfilm im ZDF

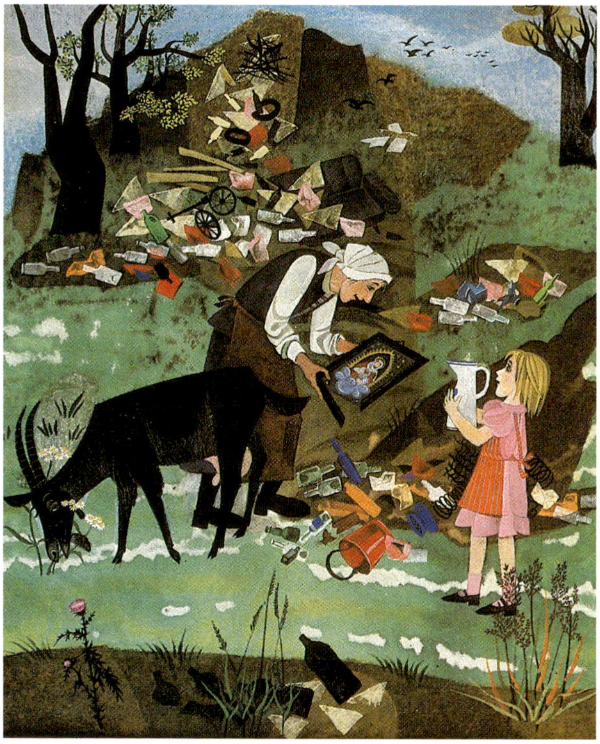
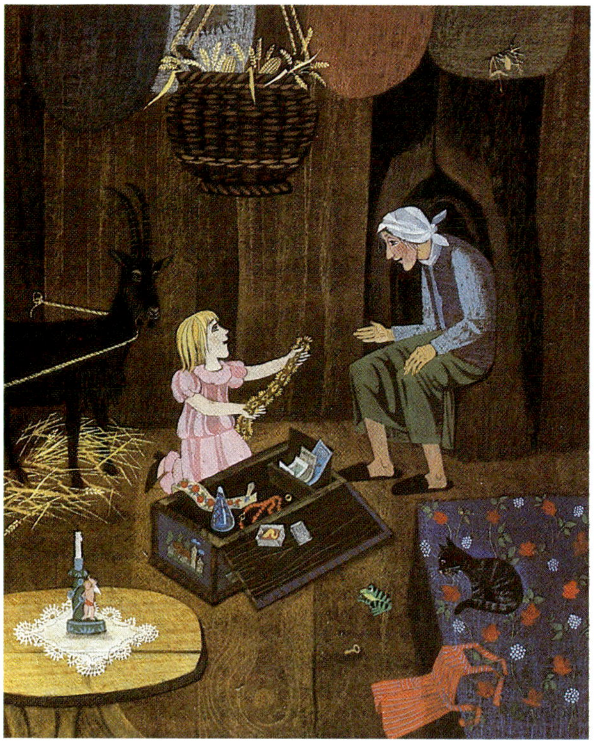
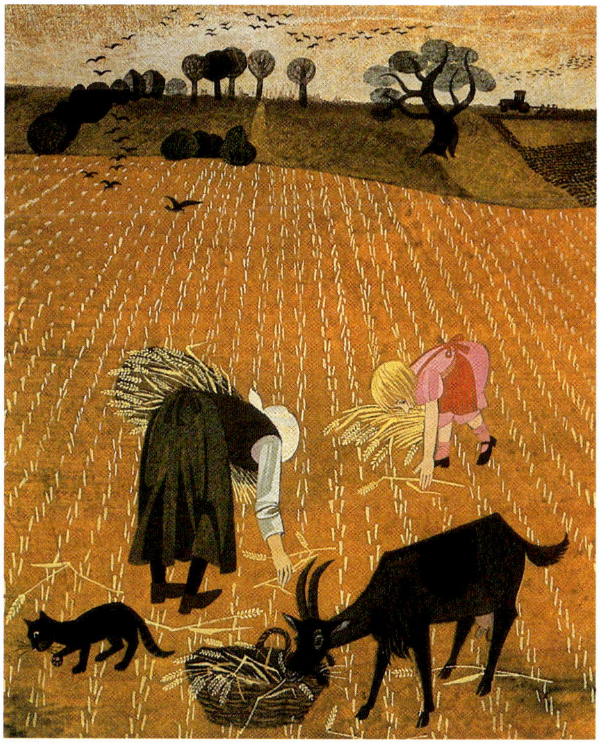
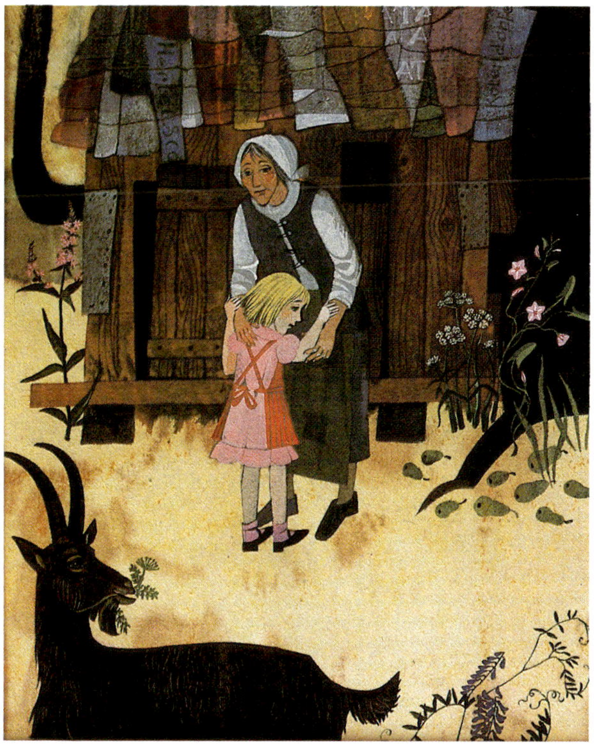

*Ein schwarzes Pferd war gar nicht froh
und stampfte zornig in das Stroh.
Es bildete sich nämlich ein,
es möchte gern ein Schimmel sein,
hell wie der Tag, blank wie Papier,
nicht so ein dunkles Rappentier...*

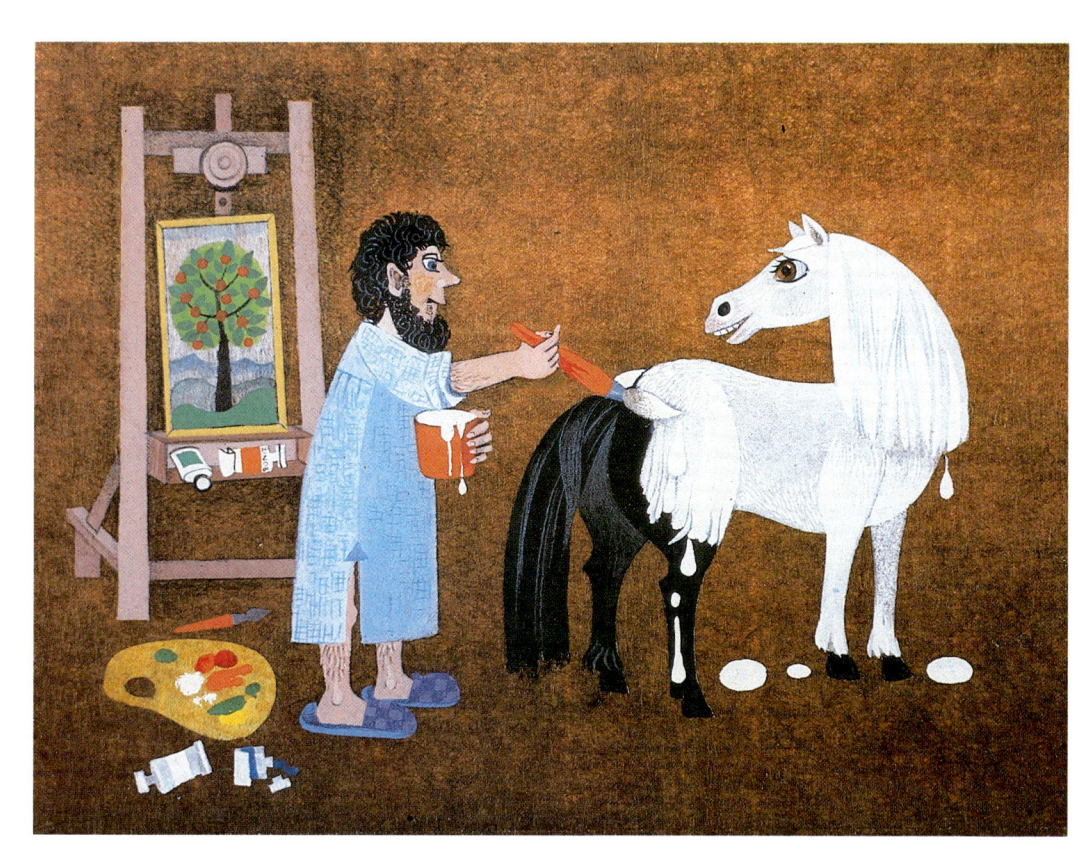

„Der schwarze Schimmel", 1980 by Thienemanns Verlag, Stuttgart
Text: Ernst Heimeran

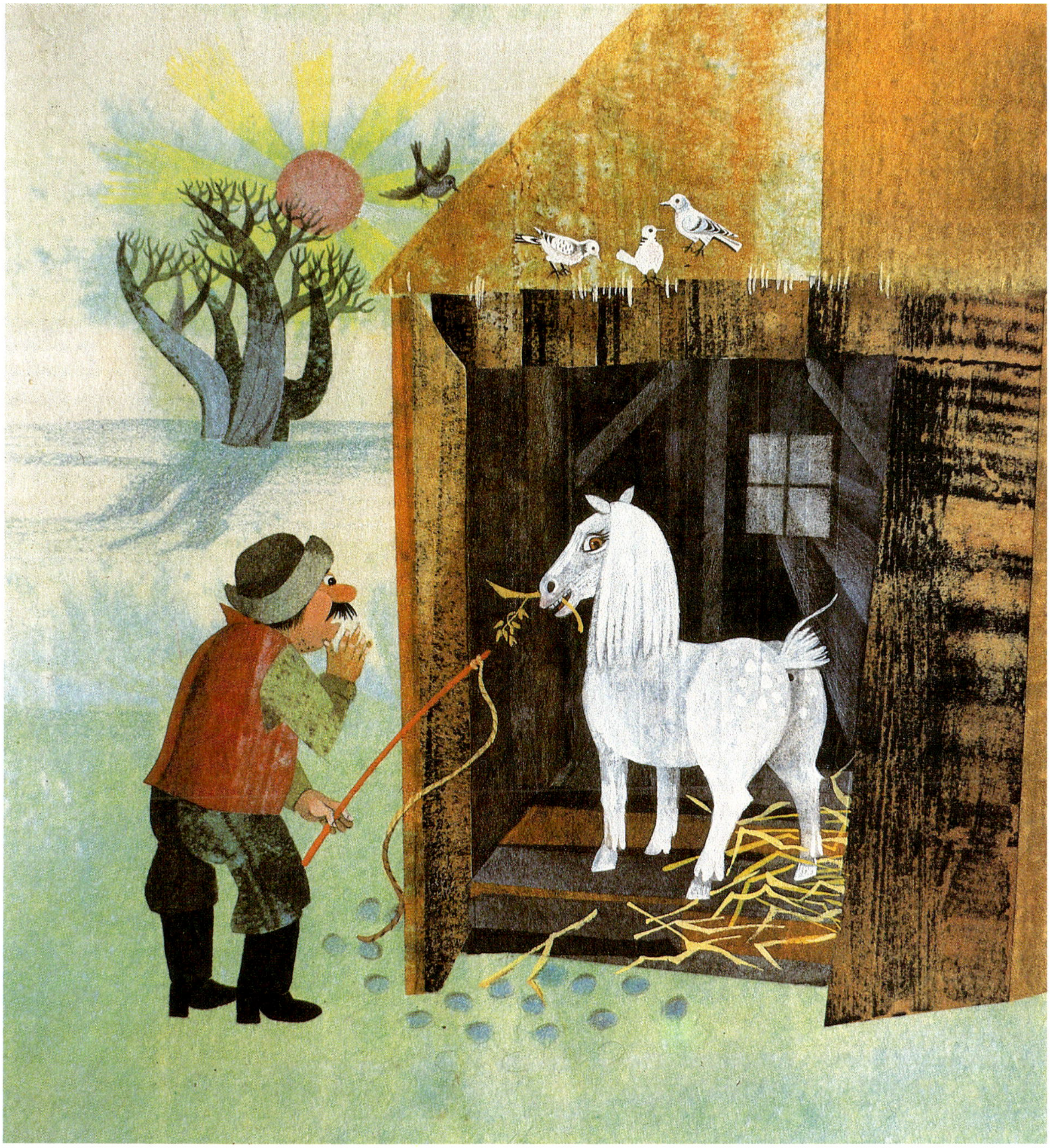

Eines Tages kommt ein verwahrloster kleiner Hund in den Garten einer Familie. „Der bleibt nicht lang, der ist ein Streuner", denkt die Mutter. „Das bißchen Fressen sei ihm vergönnt", sagt der Vater. Die Laura tauft den Hund „Birschi" und bald hört er auf diesen Namen, als hätte er schon immer so geheißen.

„Ein Sommer mit Birschi", 1986 by Morsak Verlag, Grafenau

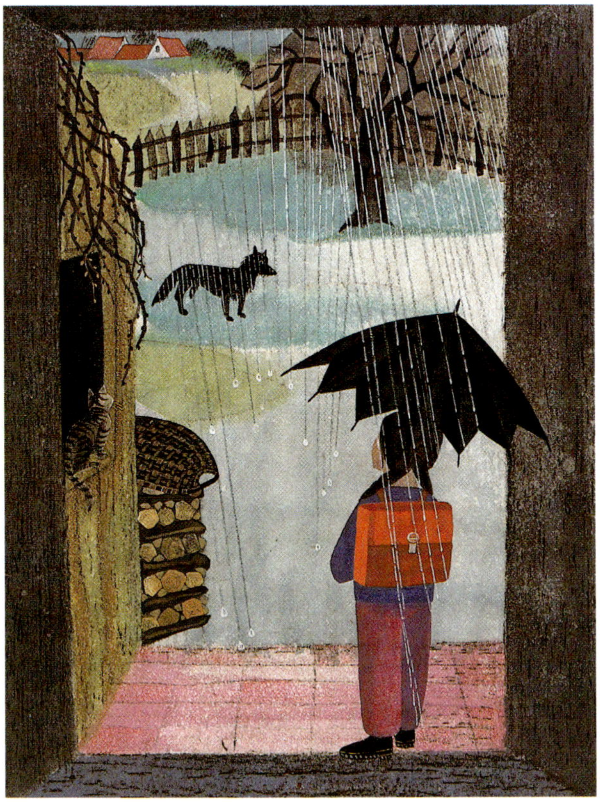

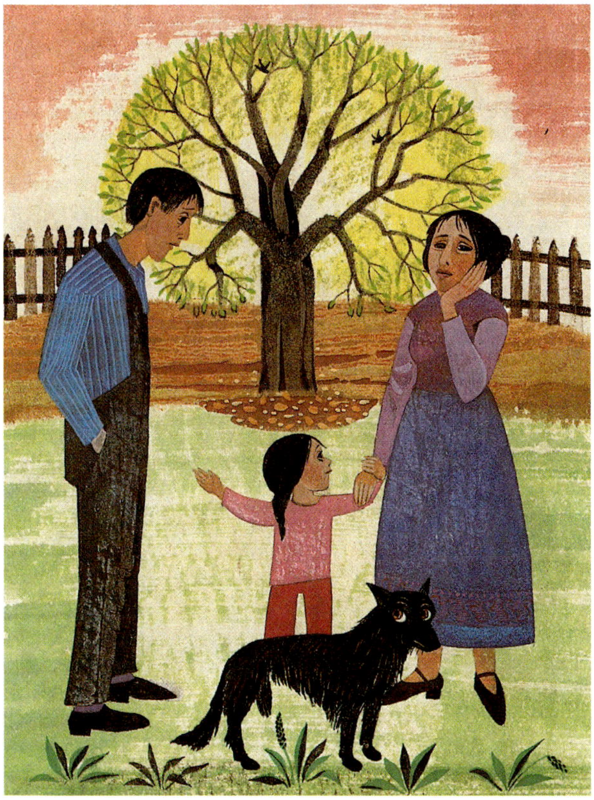

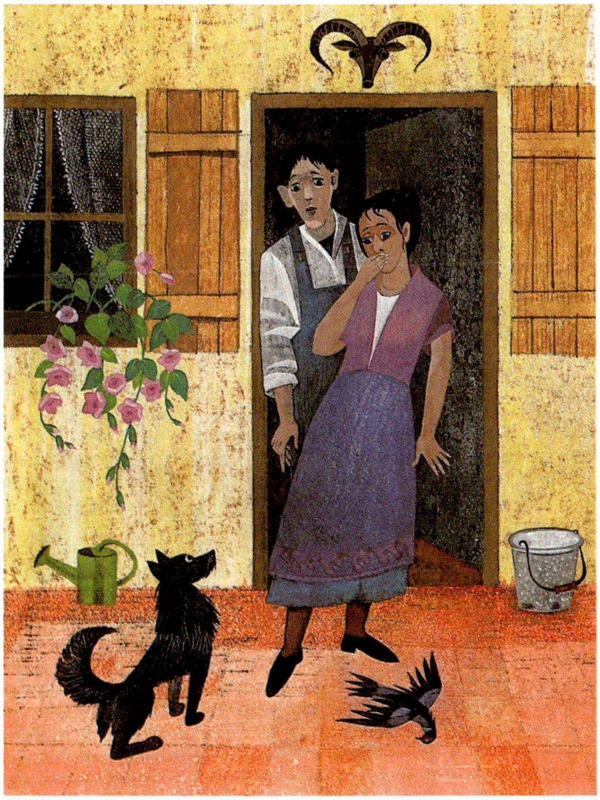

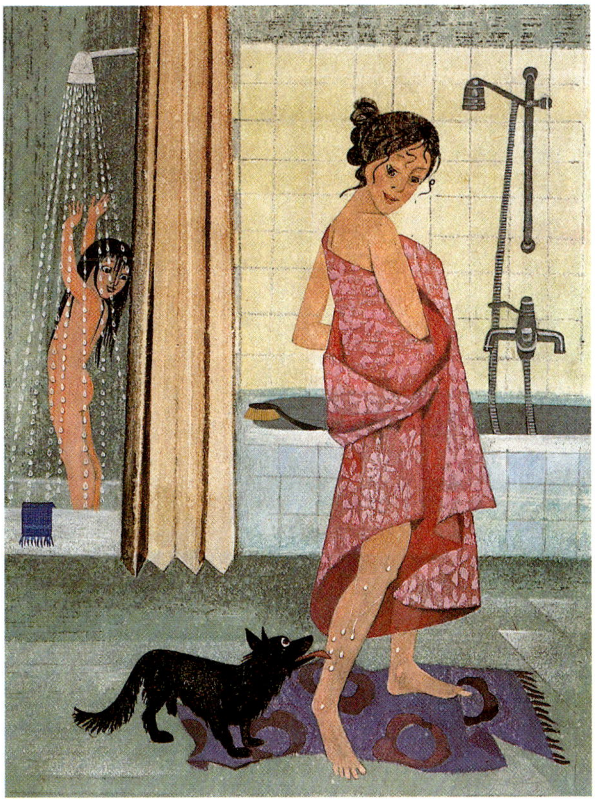

... Soweit war alles ganz „o kee",
bis ihm kommt die Schnapsidee,
ein Prinz, ein schöner, möcht er sein,
kein Fröschlein mehr, so grün und klein ...

„Froschkönig Kunibert", 1989, Neuer Finken Verlag, Oberursel/Taunus

147

*Lieschen, diese gute Kuh,
sagt eines Tages „mäh" statt „muh".
Worauf sie einwandfrei erkennt,
daß sie ist ein Sprachtalent . . .*

*Frühmorgens doch, in jedem Fall,
geht heim sie wieder in den Stall.
Gibt Milch fürs Kind, die gute Kuh,
obwohl sie „mäh" sagt anstatt „muh".*

Marlene Reidel bringt ganz unauffällig und vor allem unaufdringlich ihre Botschaft unter die Leute. Sie träumt für die Kinder von einer besseren Welt. Und aus vielen Begegnungen heraus habe ich sie irgendwann die niederbayerische Astrid Lindgren genannt.
Christoph Thoma, in: „Charivari", Heft 10/1990

„Die gute Kuh", 1990 by Sellier Verlag, München
1993 Kinderfilm im ZDF

149

*Klara, die Henne, wäre so gern
die Frau vom Pfau, dem schönen Herrn.
Drum schreibt sie ihm einen Liebesbrief...*

*Ein Roßkäfer wollt die Verwandtschaft besuchen.
Er geht zum Roß, welches wohnt bei den Buchen.
Zum Gruß läßt er fröhlich sein Stimmchen erschallen,
da läßt das Roß einen Roßapfel fallen...*

*Um von der Arbeit sich auszurasten,
setzt sich ein Ochs vor den Fernsehkasten.
Erst sieht er Werbung, dann Tagesschau...
dann nocheinmal Werbung – da wird er schlau...*

„Der schöne Herr Gockel", 1993 by Sellier Verlag, München
1992 Kinderfilm im ZDF

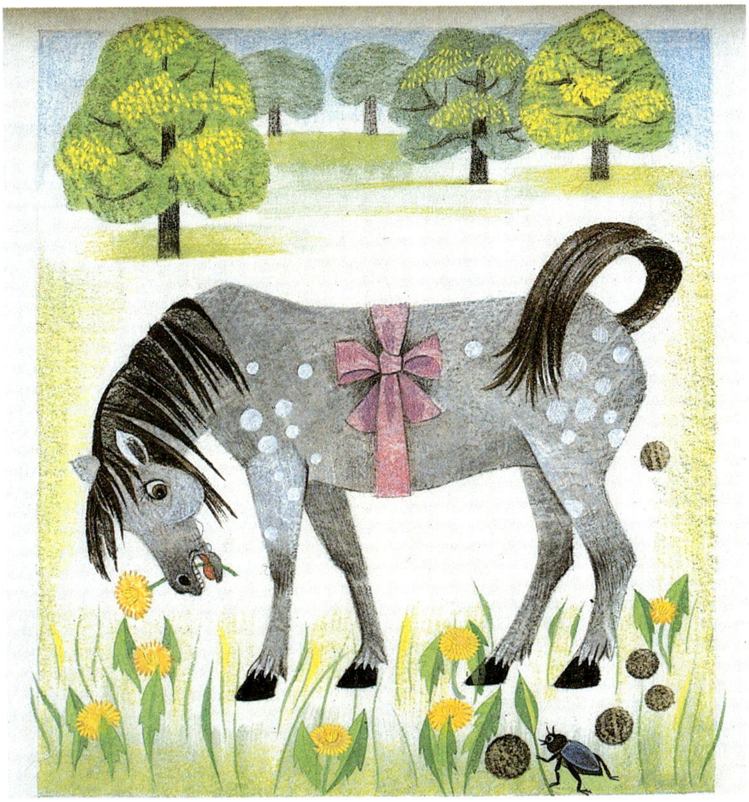

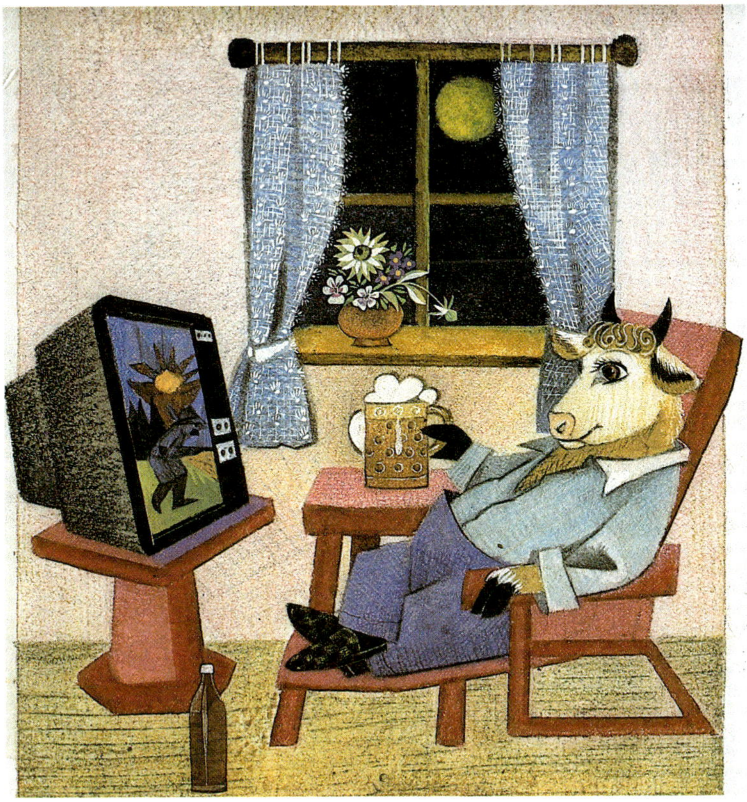

*Ein schwarzer Rabe ist es leid,
zu frieren in der Winterszeit.
Er macht ein Ende diesem Jammer
und fliegt zur Klara in die Kammer.*

*Die ist zu ihm wie eine Mutter.
Macht ihm ein Brot mit Käs und Butter.
Die kocht ihm Tee, schön heiß und süß
und bringt ihm Strümpf für seine Füß . . .*

Illustrationen zu dem Kinderfilm „Der schwarze Rab",
Mischtechnik auf Japanpapier, 65 x 45 cm, 1993 im ZDF

153

*Als die Ziege Edeltraut
einmal in den Spiegel schaut,
meckert sie: „O Graus, o Graus,
wie schau ich aus, wie schau ich aus!"
Sie gefällt sich gar nicht mehr
und drum geht sie zum Frisör . . .*

*. . . „Ich möchte", sagt die Edeltraut,
„so schön aussehn, wie die ausschaut,
wie die da, mit dem blonden Haar,
so möcht ich sein, so wunderbar . . .*

*. . . Und so kunstvoll aufgestylt,
sie hocherfreut von dannen eilt.
Zum guten Schluß sieht man sie hier
mit einem feschen Kavalier.*

Aus einem unveröffentlichten Manuskript

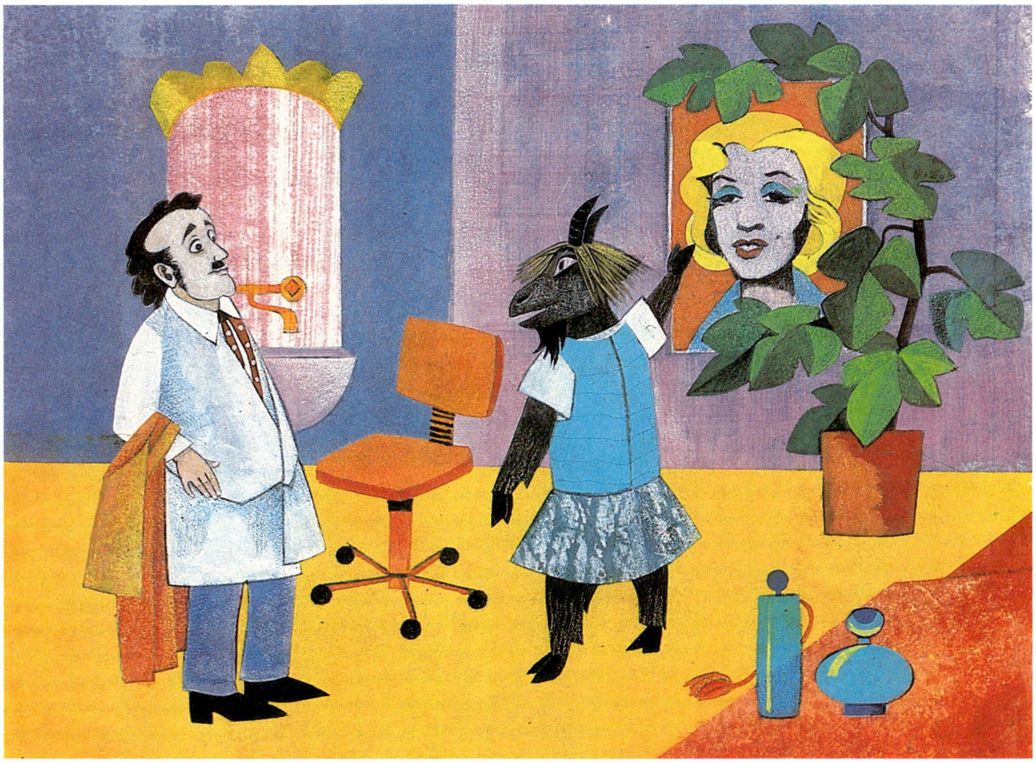

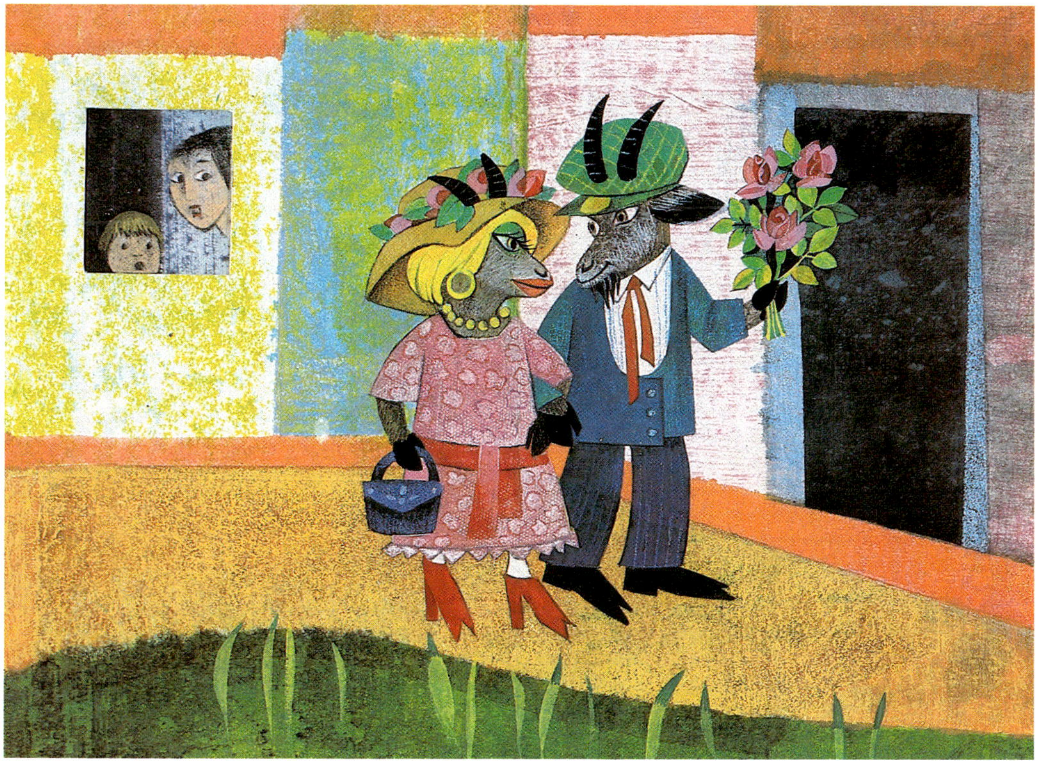

„März", 1990, Mischtechnik auf Japanpapier, 65 x 45 cm
Als Buch „Distelsternhaus", 1992 by Sellier Verlag, München
Als Kalender „Ostbayern 92", by Fremdenverkehrsverband Ostbayern

„August", 1990, Mischtechnik auf Japanpapier, 65 x 45 cm
Als Buch „Distelsternhaus", 1992 by Sellier Verlag, München
Als Kalender „Ostbayern 92", by Fremdenverkehrsverband Ostbayern

„Februar", 1990, Mischtechnik auf Japanpapier, 65 x 45 cm
Als Buch „Distelsternhaus", 1992 by Sellier Verlag, München
Als Kalender „Ostbayern 92", by Fremdenverkehrsverband Ostbayern

„Januar", 1990, Mischtechnik auf Japanpier, 65 x 45 cm
Als Buch „Distelsternhaus", 1992 by Sellier Verlag, München
Als Kalender „Ostbayern 92", by Fremdenverkehrsverband Ostbayern

Seit nahezu 40 Jahren sammeln wir, mein Mann und ich, Gläser und seit ebenso langer Zeit habe ich Gläser immer wieder einmal gezeichnet und gemalt.
Alle folgenden Blätter entstanden in den letzten Jahren und sind in Mischtechnik auf Japanpapier ausgeführt.

Gläser mit Tulpen, 1992, 64 x 46 cm

Gläser mit Rose, 1992, 64 x 46 cm

Flaschen mit Tulpen, 1992, 64 x 46 cm

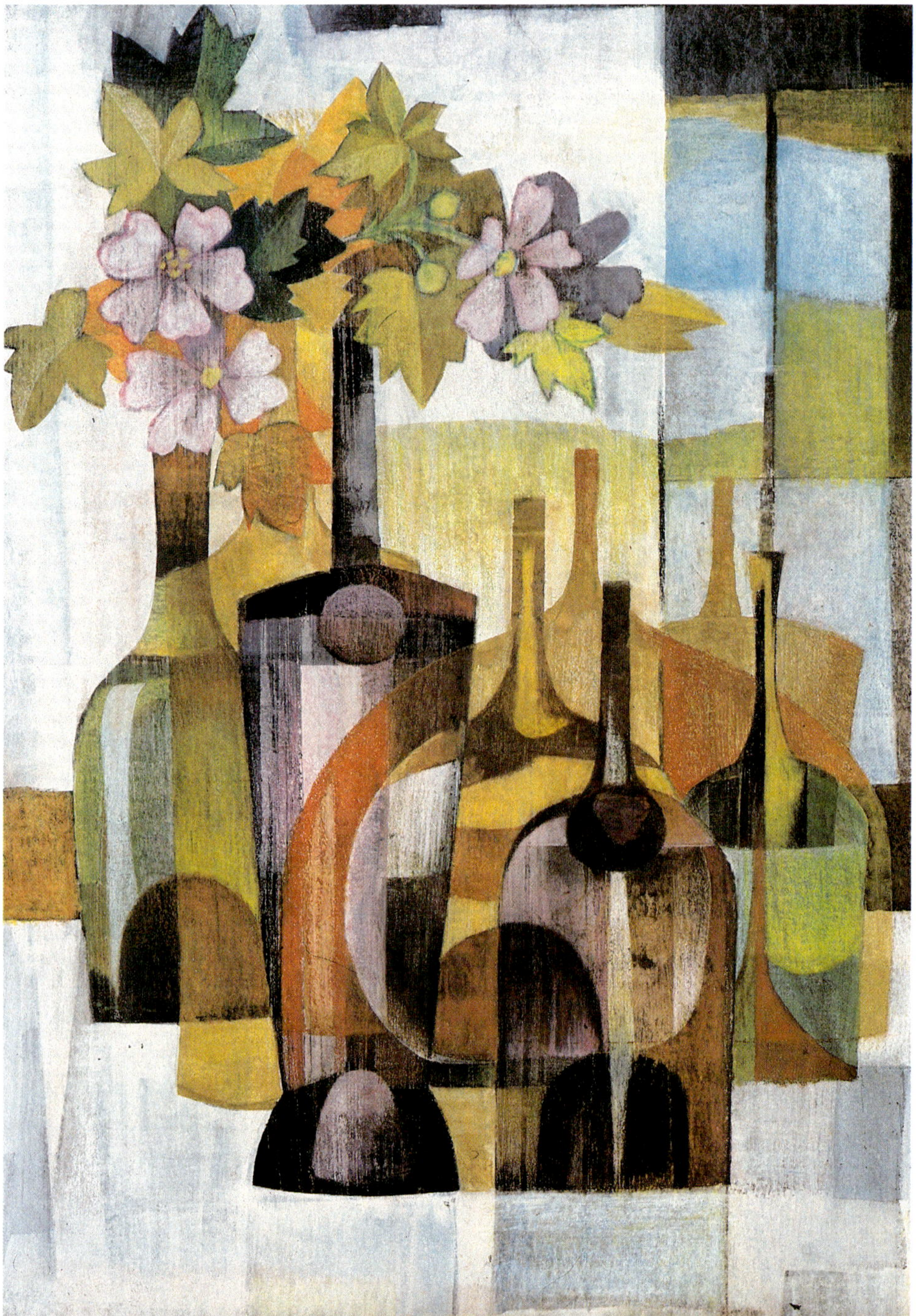

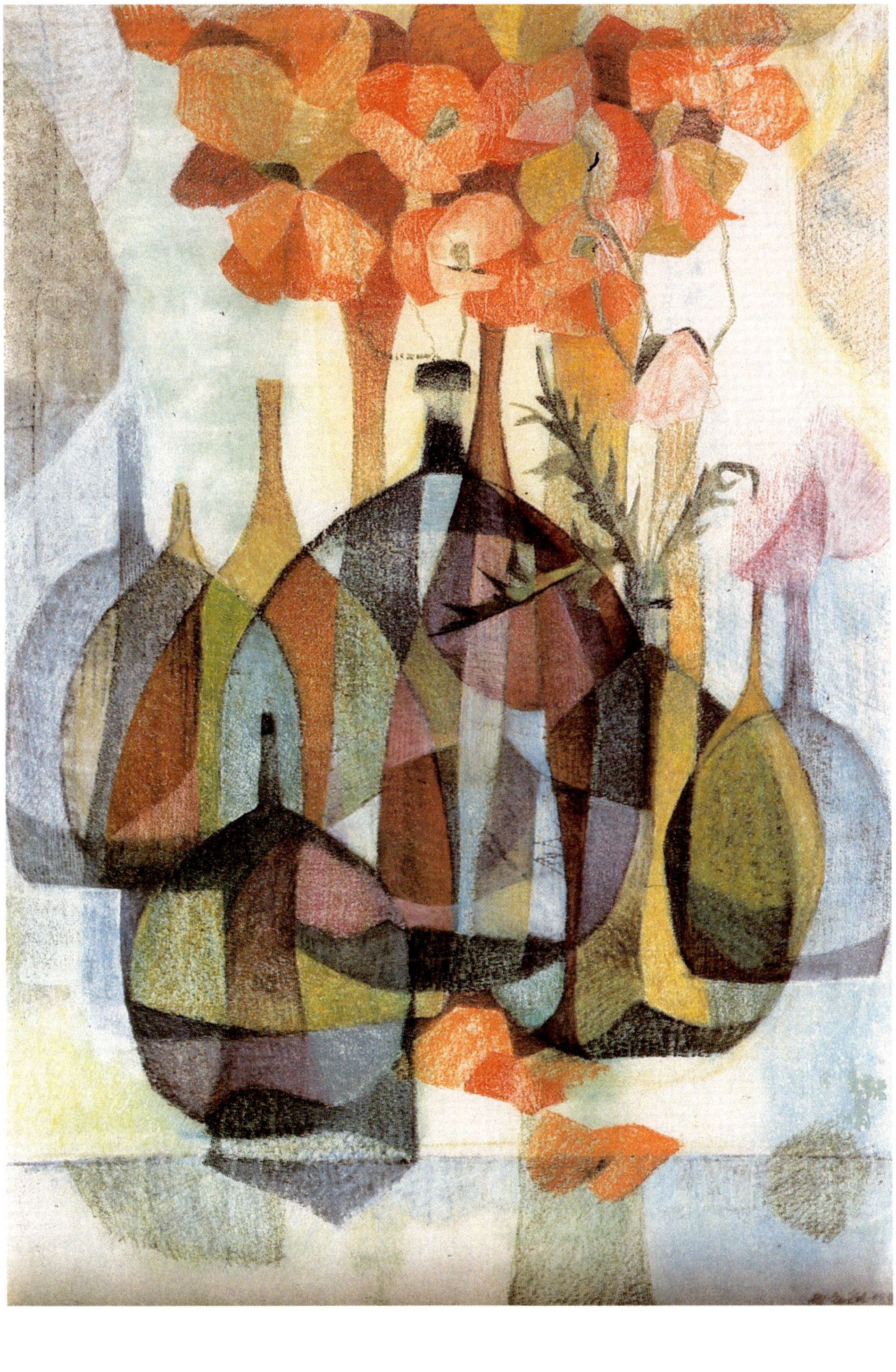

Komposition mit Gläsern, 1992, 64 x 46 cm

Komposition mit Flaschen, 1991, 64 x 46 cm

Flaschenstilleben, 1992, 64 x 46 cm

Flaschen mit Quittenzweig, 1992, 64 x 46 cm

Rote Gläser mit Blume, 1991, 64 x 46 cm

Gläserkomposition mit Schierlingsknospen, 1993, 64 x 46 cm

Stilleben mit Gläsern und Bärenklau, 1993, 96 x 64 cm

Stilleben mit umgestürzten Flaschen, 1993, 96 x 64 cm

Stilleben mit Gläsern und Tulpen, 1993, 96 x 64 cm

Stilleben mit Flaschen und Quittenzweig, 1993, 96 x 64 cm

Gläser auf blauem Stuhl, 1993, 98 x 62 cm

Gläser auf rotem Stuhl, 1993, 98 x 62 cm

Stilleben mit Flaschen und Bärenklau, 1993, 96 x 64 cm

Stilleben mit Flaschen und Vogelbeerenzweig, 1993, 96 x 64 cm

Gestürzte Flaschen, 1993, 96 x 64 cm

Komposition mit Flaschen und Distelblüten, 1993, 96 x 64 cm

Gläser auf rotem Tuch, 1993, 98 x 62 cm

Gläser auf gelbem Stuhl, 1993, 98 x 62 cm

Marlene Reidel, geboren 1923 als ältestes von 7 Kindern des Landarbeiter-Ehepaares Lorenz und Maria Hartl. Aufgewachsen auf dem Einödhof Krottenthal in Niederbayern. Studium an der Akademie für Bildende Kunst in München bei Professor Gött und Oberberger. 1958 Deutscher Jugendbuchpreis, 1964 unter den „10 besten Büchern der New York Times", 1965 Kulturpreis Ostbayern, 1977 unter den „10 besten Büchern der internationalen Kinderbuchausstellung in Tokio", 1977 Sonderpreis der deutschen Akademie für Kinder- und Jugendliteratur, 1991 „Pro Meritis"-Auszeichnung des Bayerischen Staatsministeriums für Unterricht und Kultus, Wissenschaft und Kunst für die Verdienste um das schulische und außerschulische Bildungswesen, die Wissenschaft, die Kunst, die allgemeine Kulturpflege und die Jugend.